EDITION Johannes Kuhn

Gudrun Pausewang

Was ich dir noch sagen wollte

Quell

EDITION JOHANNES KUHN BAND 23

1. Auflage 1993, 1.– 7. Tausend
2. Auflage 1994, 8.–10. Tausend
3. Auflage 1998, 11.–12. Tausend

ISBN 3-7918-1823-6

Umschlaggestaltung: Klaus Dempel
Umschlagmotiv: Peter Santor
Gesamtherstellung: Maisch & Queck, Gerlingen

INHALT

MEIN LIEBER SOHN

Ich war zweiundvierzig Jahre alt, als du geboren wurdest. Was mein Alter betrifft, könnte ich also deine Großmutter sein. Hätte ich dich mit zwanzig Jahren geboren, könnte ich jetzt vielleicht schreiben: Mein lieber Enkel.

Du warst ein Wunschkind. Nach Jahren vergeblichen Wartens hatte ich alle Hoffnung aufgegeben, noch Mutter zu werden. Als ich merkte, daß ich schwanger war, geriet ich vor Freude aus dem Häuschen.

Inzwischen bist du ein junger Mann und gehst deine eigenen Wege. Du bist selbständig geworden. Das ist gut so, mein lieber Student! Über die Woche bist du fort, am Wochenende kommst du heim und erzählst mir von dir. Ich freue mich, wie gut du mit dem Leben klarkommst. Aber noch stehst du nicht im Berufsalltag, noch hast du keine Familie, noch bist du jung. Das heißt, noch steuerst du durch ruhiges Gewässer.

Ich bin jetzt fünfundsechzig Jahre alt. Das ist ein bißchen zu früh, um gute Ratschläge für das Leben und Altersweisheiten zu äußern. Weise Ratschläge hätte ich selber nötig. Aber ich habe eine Krebsoperation hinter mir und weiß nicht sicher, ob mir noch ein paar Jahre Leben vergönnt sind – so viele, daß ich alt genug werden kann, um meine Enkel kennenzulernen, sofern mir solche zugedacht sind. Natürlich hoffe ich, und ich habe guten Grund zur Hoffnung. Aber Gewißheit? Nein.

Das heißt also, daß ich gut daran tue, dir schon jetzt ein paar Gedanken mit auf den Weg zu geben. Für alle Fälle.

Als Mutter wirkt man aus der Sicht aller Nichtmütter manchmal komisch. Man verliert die Objektivität, ist bloß noch Glucke, möchte das Kind vor allen Widrigkeiten des Lebens beschützen, auch wenn das Kind längst ein Mann ist.

Nimm's mir nicht übel, wenn sich meine Gedanken so oft um dich drehen. Um dich und deine Generation. Es geschieht aus Liebe. Vielleicht wird dir dies oder das von dem, was ich hier für dich niederschrieb, einmal nützlich sein. Solltest du erst in diesem Buch blättern, wenn du alt bist, wäre das kein Grund, dir zu grollen, zumal sich viele meiner Gedanken auf das Alter beziehen.

Und noch etwas, nebenbei: Vielleicht habe ich mich in manchem geirrt. Nur – im gegenwärtigen Augenblick befinde ich mich auf diesem Glaubens- und Wissensstand. Wahrscheinlich bin ich morgen schon wieder ein Stück weiter und kann dann meine Saarbrücker Großmutter zitieren: »Ei, was gebb ich auf mei dumm' Geschwätz von gestern…«

Nimm's also nicht zu todernst, was ich da schrieb, hörst du, mein Junge?

MEINE ZUKUNFT – DEINE ZUKUNFT

Du wirst es nicht leicht haben in deinem Leben, mein Junge. Deine Generation schaut nicht in einen blauen, mit Federwölkchen garnierten Zukunftshimmel, sondern sieht sich einer dunklen Gewitterwand gegenüber, die nichts Gutes verheißt. Das Barometer fällt. Die Zeiten werden kalt und stürmisch.

Als ich siebzehn Jahre alt war, ging der Zweite Weltkrieg zu Ende. Wir – meine Mutter, meine fünf jüngeren Geschwister und ich – zogen als Flüchtlinge durch Schlesien, die Lausitz und Mecklenburg. Auf einem Handwagen karrten wir ein bißchen Gepäck, kaum der Rede wert. Alle übrige Habe war dort zurückgeblieben, wo wir herkamen. Wir zogen an zerschossenen Gehöften vorbei, durch menschenleere Dörfer, wo sich weder Lebensmittel noch Kleider oder Schuhe einkaufen ließen. Wir liefen unsere Schuhsohlen durch, suchten in verlassenen Häusern nach Eßbarem, waren verschwitzt und schmutzig, schliefen in Scheunen oder im Freien und fürchteten uns vor dem Typhus, der längs der Flüchtlingsrouten wütete. In dieser unmittelbaren Nachkriegszeit herrschte Anarchie auf den Straßen. Ein Menschenleben war damals nicht viel wert.

Während dieses strapaziösen Fußmarsches hatte ich, die Siebzehnjährige, immer den Gedanken im Hinterkopf: Schlimmer kann's nicht mehr werden. Es kann nur – früher oder später – wieder aufwärts gehen. Meine Mutter dachte genau so.

Das heißt: Obwohl es uns damals so drekkig ging, waren wir nicht ohne Hoffnung.

Ihr aber, ihr jungen Menschen am Ende des Jahrhunders, habt es ungleich schwerer als wir in jener Zeit, obwohl ihr in einer Überflußgesellschaft lebt. Denn ihr müßt mit der Erkenntnis leben: Besser wird's nicht mehr. Von jetzt an geht's nur noch bergab.

Wie sollt ihr bei dieser Perspektive zu Hoffnung kommen? Eine Existenz ohne Hoffnung – geht das überhaupt?

Nein, besser wird's nicht mehr, sofern man den Begriff „besser" auf unseren materiellen Besitzstand bezieht. Daß unser mitteleuropäischer Lebensstandard nicht mehr steigt, sondern stagniert, ja in den nächsten Jahren und Jahrzehnten sinken wird, daran zweifelt so gut wie niemand mehr. Eure Generation wird materiell ärmer sein als die unsrige es – noch – ist. Das ist so gut wie sicher. Gleichzeitig mit eurem Besitz wird sich auch euer Komfort verringern. Ihr werdet Unbequemlichkeiten, starken Abbau eurer und eurer Kinder Gesundheit, geringere Sicherheit für euer Leben und euren Besitz, Verminderung der Lebensqualität und politische Destabilisierung in Kauf nehmen müssen.

Muß ich erwähnen, daß wir, die Alten, daran schuld sind? Eure Eltern, Großeltern und Urgroßeltern? Wir haben diese Gesellschaft, haben die herrschenden Verhältnisse geprägt. Ihr werdet zu deren Opfern.

Der Zukunft wird meistens die Eigenschaft »ungewiß« beigegeben. Ja, auch die Zukunft von uns Alten war in unserer Jugend ausgesprochen ungewiß. Wie sie immer ungewiß gewesen war. Eine Art Lotterie. Eine Lotterie hält Nieten *und* Treffer bereit. So auch eine ungewisse Zukunft. Sie läßt Raum für Hoffnung.

Eure Zukunft ist nicht mehr so herrlich ungewiß. Es ist ja bekannt, was alles auf euch und eure Kinder und Enkel zukommt. Davon ist vieles schon verdammt gewiß –

Ich interessiere mich besonders
für Bücher aus folgenden Sachgruppen:

- ❑ **Literatur**
- ❑ **Sachbuch / Themen der Zeit**
- ❑ **Taschenbücher**
- ❑ **Theologie / Glaubensinformationen**

Antwort

An den
Quell Verlag Stuttgart
Postfach 10 38 52
70033 Stuttgart

Bitte
freimachen

wie etwa das Waldsterben, die Klimaaufheizung, die Ozonlöcher, das Absinken des Grundwassers, die Völkerwanderungen in Richtung der reichen Nationen, zu der auch die unsrige – noch – gehört.

Was mich und meine Generation betrifft, könnte ich, wie viele andere auch, händereibend sagen: »Gott sei Dank, daß ich schon alt bin. Ich mache mich davon, bevor es mulmig wird. Nach uns die Sintflut!«

Aber wir Alten haben Kinder, haben Enkel, die wir lieben. Wir haben in ihnen der Zukunft Geiseln gestellt, sind also erpreßbar. Es kann uns nicht gleichgültig sein, wie es ihnen ergehen wird.

Die Sorge um sie wird uns das Sterben schwer machen.

Wie sah denn das Leben von uns Alten aus? In den Dreißigern ging's uns Kindern gut. Der Staat hätschelte uns. In den Vierzigern kam der Absturz. Von da ab ging's langsam, aber stetig wieder bergauf. Man rackerte sich ab, aber es lohnte sich. Die Fünfziger gaben uns wieder festen Boden unter die Füße. In den Sechzigern fanden wir das Leben berauschend: Nach dem Zusammenbruch, nach so viel Elend, so vielen Trümmern und Existenzängsten, nach den kleinen Nachkriegsverhältnissen endlich nicht mehr auf den Pfennig sehen zu brauchen, sich Luxus und Komfort leisten zu können, sich mit keinen materiellen Sorgen mehr quälen zu müssen! Die ganze Welt stand unserer Reiselust offen. Es gab keine Arbeitslosen mehr. Im Gegenteil: Gastarbeiter wurden ins Land geholt. Das Wirtschaftswunder blühte. Wir räkelten uns in einer Schönwetterdemokratie. Stolz entledigten wir uns unserer Minderwertigkeitskomplexe: Wir Deutschen waren wieder wer!

Aber in den Siebzigern ernüchterte uns der Zustand unserer Umwelt. Gleichzeitig drängte sich uns die Zweigeteiltheit unserer Welt ins Bewußtsein: hier die reichen Industrienationen, dort die Hungerländer. Damals begegnete mir zum ersten Mal Bert Brechts Spruch:

»Reicher Mann und armer Mann
standen da und sah'n sich an.
Und der Arme sagte bleich:
Wär ich nicht arm, wärst du nicht reich.«

Um diese Zeit warst du schon da, wenn du auch noch sehr jung warst. Vielleicht hat deine Existenz mitbewirkt, daß mir klar wurde: Das Heben unseres Lebensstandards, das Mehren unseres materiellen Besitzes kann nur auf Kosten anderer Bewohner unseres Planeten stattfinden, die eines Tages – vermutlich bald – Gerechtigkeit fordern werden. Ebenso wurde mir bewußt, daß sich Komfort und Wohlstand nur mehren lassen auf Kosten der Umwelt, auf die wir angewiesen sind.

In den Achtzigern gedieh der sogenannte Kalte Krieg. Man pflegte die Strategie der Abschreckung. Abschrecken: ein ganz und gar unchristliches, unmenschliches Verhalten. Unsere Gesellschaft – von Ausnahmen abgesehen – wurde zunehmend rücksichtsloser und egoistischer. Auch die Euphorie der deutschen Vereinigung erstickte in unserer Ichsucht. Besser kann's nicht mehr werden? Diese Behauptung bezieht sich nur auf unseren Besitzstand. Was unsere zwischenmenschlichen Beziehungen betrifft, kann's kaum mehr schlimmer werden. Man braucht nur an Mölln, Rostock oder Hoyerswerda zu denken.

Besser – schlimmer: zwei Seiten einer Medaille. Dich sollte die Gesellschaft nicht besitzgierig und nicht egoistisch machen. Deshalb versuchte ich zusammen mit dir, *anders* zu leben.

STANGEN IM SCHNEE

Ich versuchte dich also von klein auf, für die Zeit, der du entgegengehst, zu trainieren. Ich habe dich gelehrt, auf Unnötiges zu verzichten, dich nicht in den Konsumrausch hineinreißen zu lassen und der Werbung reserviert zu begegnen. Warum eine Jacke mit protzigem Marken-Namen, wenn's auch eine andere tut? Du beurteilst Menschen nicht nach Statussymbolen (»Zeige mir dein Auto, und ich sage dir, wer du bist...«) und fragst nicht bei allem: »Was für einen Profit bringt mir das?«

Es ist für dich selbstverständlich, die Umwelt zu schonen. Dir ist bewußt, daß du ohne die Natur nicht leben kannst, sie aber sehr wohl ohne dich. Du liebst sie und empfindest Ehrfurcht vor allem Leben.

Ich habe dir beigebracht, deinen Mitmenschen Vertrauen entgegenzubringen. Vertrauen macht freundlich, schlägt Brücken, schüttet Gräben zu. Gewiß, auch Mißtrauen ist manchmal angebracht. Aber du mißt ihm einen niedrigeren Stellenwert zu.

Du zeigst dich bemüht, dich in andere hineinzuversetzen – ein Verhalten, das aus der Mode gekommen ist, auch in seiner Eigenschaft als Lehrauftrag der Pädagogik. Du hast helfen und teilen gelernt und bist darauf aus, mit deinen Mitmenschen friedlich auszukommen. Nie hättest du dich zum Dienst an der Waffe hergegeben, und ich würde die Hand dafür ins Feuer legen, daß du das auch in Zukunft nie tätest.

Gute zwischenmenschliche Beziehungen lassen Notzeiten leichter ertragen.

Du bist fähig, deinen Willen zu zwingen, auch Unangenehmes oder Unbequemes zu bewältigen und deinem Körper Strapazen und Entbehrungen abzuverlangen. Es wirft dich nicht um, wenn du die Befriedigung von Wünschen und Gelüsten aufschieben mußt. Und du magst und kannst körperlich arbeiten.

Ich habe dich so erzogen, daß dir die wunderbaren Fähigkeiten der Kinder erhalten blieben, jene Eigenschaften, die vielen jungen Menschen während des Erwachsenwerdens abgewöhnt werden: Wißbegier, Spontaneität, Flexibilität, Improvisationstalent. Vor allem aber Phantasie. Und du kannst noch träumen. Alle diese Eigenschaften werden dir in rauheren Zeiten sehr zugute kommen.

Kurz: Du wirst auch bei stark gesunkenem Lebensstandard nicht in Panik geraten, sondern wirst auf eine solche Entwicklung vorbereitet sein, wirst dich ihr anzupassen wissen. Das beruhigt mich.

Wie gern würde ich dir dabei zur Seite stehen. Wir Alten haben ja auch Notperioden kennengelernt: die Zeit der Inflation und Massenarbeitslosigkeit, den Krieg, die Nachkriegszeit bis zur Währungsreform. Wir lernten den Umgang mit ihnen. Das heißt, alle die kleinen Tricks, mit denen wir die Not in den Griff zu bekommen versuchten. Ich kann noch Strümpfe stopfen und falsches Marzipan herstellen, könnte mir, wenn's nötig wäre, meine Kartoffeln selber anbauen und Öl aus Bucheckern pressen, weiß noch, wie man miteinander klarkommt, wenn man seine Wohnung mit einer anderen Familie teilen muß. Viele Angehörige meiner Generation erinnern sich, wie es sich ohne Dusche lebt und auf bloßem Boden schläft. Manche wissen noch Schlimmeres: zum Beispiel, wie man verbrannte, erfrorene, verhungerte, an Typhus zugrunde gegangene Menschen einscharrt. Dieses Wissen wird wieder bewußt, wenn man die Bilder aus Jugoslawien sieht.

Solches Elend wird – hoffentlich – nicht auf dich zukommen. Aber deine Generation wird sich einer Fülle von Problemen gegenübersehen, die nur über Erfahrungen gemeistert werden können.

Du bist so jung. Dir fehlen noch so viele Erfahrungen!

Ja, ich weiß, ihr Jungen macht eure Erfahrungen lieber selber. Die Zeiten sind vorbei, in denen die Enkel den Großeltern ehrfurchtsvoll zuhörten und sich ihre Ratschläge hinter die Ohren schrieben. Viele unserer Erfahrungen nützen euch ja auch nichts mehr. Sie sind überholt – vor allem die Berufserfahrungen. Die Entwicklung der Technik läuft immer schneller ab. Was bei uns galt, ist für euch längst hoffnungslos veraltet. So auch vieles im Umgang mit Geld, mit der Gesundheit, mit der Politik.

Aber ich möchte dir doch noch ein paar Orientierungshilfen mit auf den Weg geben – von denen, die für jede Zeit gelten, gleichgültig, wie schlecht oder gut sie ist.

Orientierungshilfen: dieses Wort erinnert mich an lange Stangen, die in meiner böhmischen Gebirgsheimat im Spätherbst in den Boden gerammt wurden. Sie hatten die Aufgabe, während der schneereichen Winter, besonders nach heftigen Schneestürmen und starken Schneefällen, den Verlauf der Wege und Straßen zu markieren.

Ich gebe dir also Gedanken mit, die ich für dich gesammelt habe. Sie werden in keiner Inflation schrumpfen, können weder besteuert noch enteignet werden, weder verlorengehen noch verschüttet werden und auch nicht verbrennen. Ob du dich an ihnen orientierst, ist deine Sache.

WIR LEBEN IN EINER FASZINIERENDEN ZEIT

Ich habe mir nie gewünscht, in einer anderen Zeit als dieser gelebt zu haben. In welcher denn auch? In der der Neandertaler mit einer Lebenserwartung von fünfunddreißig Jahren? Im Mittelalter, bedroht von Fron, Feuer und Seuchen? Oder während des Dreißigjährigen Krieges? Oder damals, als das Prinzip galt: »Wes Land, des Glaube«? Oder in jenen unseligen wilhelminischen Zeiten, in denen jedermann braver Untertan der Obrigkeit zu sein hatte? Oder etwa im Dritten Reich mit einem Hitlerbild über dem Schreibtisch?

Heile Welten? Die gab es nie und wird es auch nie geben. Man kann sich höchstens eine träumen. Allerdings gab es Zeiten, in denen man Geborgenheit fand in religiösen oder weltanschaulichen Ordnungen. Noch für deine Urgroßmutter war oben der Himmel und unten die Hölle, dazwischen der Mensch. Und was der zu tun und zu lassen hatte, war im Katechismus nachzulesen und predigte der Pfarrer von der Kanzel.

Unsere Zeit ist anstrengend, denn sie stellt

alle bisherigen Ordnungen in Frage. Wer will sich heute noch vorschreiben lassen, was er zu glauben, zu tun und zu lassen hat? Die meisten Zeitgenossen machen sich ihre Ordnungen selber. So viel Individualismus erzeugt keinen allseits vertrauten, heimatlichen Stallgeruch!

Unsere Zeit fordert uns Nervenkraft ab, denn sie ist nicht beschaulich, sondern hektisch. In ihr ändert sich fast alles. Sie ist ein einziger gewaltiger Umbruch, der sich noch dazu immer schneller vollzieht. Wir befinden uns mitten in einem unerhörten Wandel. Ihn mitzuerleben, bedeutet für mich eine Chance, ein Privileg.

Was hat doch schon deine Großmutter in ihrem neunzigjährigen Leben für Veränderungen mitgemacht: 1902 geboren, mitten in die Saturiertheit der Kaiserzeit hinein, bekam sie noch den Begeisterungstaumel zum Beginn des Ersten Weltkriegs mit – und die Ernüchterung nach seinem Ende. Sie lernte die Inflation und die große Arbeitslosigkeit kennen, glitt als junge Frau in die Hitlerzeit, stand den Zweiten Weltkrieg, die Flucht, den harten Neubeginn in Westdeutschland durch, erlebte das Wirtschaftswunder, den Triumph der Technik, den Kalten Krieg, die atomare Bedrohung, den zähen Kampf um die gefährdete Umwelt, die deutsche Wiedervereinigung, den Zusammenbruch des Ostblocks.

In meinem Leben änderte sich alles noch viel schneller: In meiner Kinderzeit gab es im Atlas noch weiße Flecken. Es gab auch noch Karussells, die mit Menschenkraft gedreht wurden, und wenn ein Flugzeug unser Dorf überflog, gafften alle fasziniert hinauf. Es gab noch kein Fernsehen, keine Atomwaffen, keine Ozonlöcher. In den riesigen Wäldern am Amazonas machten sich nur ein paar Gummizapfer zu schaffen. Keine Computer, keine verpflanzten Herzen, kein Aids, keine Mikrowellenherde waren weit und breit zu orten, nicht einmal zu ahnen.

Eine winzig kurze, aber atemberaubende Zeit liegt zwischen damals und jetzt. Nur ein paar Jahrzehnte. Schon in zwei oder drei Jahren werden wir Neues erfahren, von dem sich deine Großmutter noch nichts träumen ließ. Und *du* wirst am Ende deines Lebens viel, viel mehr wissen als ich zum Zeitpunkt *meines* Todes. Auch das Weltgeschehen läuft immer schneller ab. Man braucht nur an die Kurve des Bevölkerungswachstums zu denken: Nachdem sie Jahrtausende lang kaum gestiegen war, bewegt sie sich innerhalb der letzten vierzig, fünfzig Jahre immer steiler nach oben. Die Wälder schrumpfen wie im Zeitraffer, die Ozonlöcher vergrößern sich so schnell, daß man mit seinem Wissensstand kaum nachkommt.

Wirklich – eine atemberaubende Zeit. Nein, ich möchte nicht mit meiner Urgroßmutter tauschen, in deren Lebenszeit sich nicht viel geändert hat. Und noch weniger möchte ich deren Urgroßmutter gewesen sein, deren Leben noch viel gleichförmiger verlief: Die Kleidermode änderte sich unendlich langsam, und ein Leben lang benutzte man die gleichen Küchengeräte, bearbeitete man die Felder auf die gleiche Weise, wie es schon die Väter und Großväter getan hatten. Man war nicht nur geborgen, sondern auch gefangen in den weltlichen und kirchlichen Ordnungen, und war man als weiblicher Mensch geboren, mußte man sein Leben lang kuschen.

Könnte es sein, daß sich auch die Geschichte der Menschheit, ja die Geschichte unseres Planeten dem Gesetz der Fallbeschleunigung unterordnet? Befinden wir Menschen uns etwa bereits mitten im freien Fall? Wie Lemminge, die in ganzen Rudeln über den Abgrund ins Meer stürzen? Wohin fallen wir? In den Artentod?

Wie dem auch sei, mein Junge: Es ist eine faszinierende Zeit, in der wir leben – wie vielleicht auch die Zeit unseres individuellen Sterbens der faszinierendste Teil unseres Lebens sein wird.

Auch wenn sie dich möglicherweise umbringt: Erlebe sie wach und bewußt, diese gegenwärtige Zeit. Bejahe sie, schließe dich ihr auf. Sie wird dich Dimensionen des Geschehens erkennen lassen, von der sich deine Großeltern noch nichts träumen ließen. Von denen auch ich kaum die Konturen erahne.

Staune, Sohn, staune.

DAS LEBEN IST DER KOMISCHSTEN EINES

Diesen Satz pflegte in meiner Schulzeit ein alter Lehrer jedesmal auszurufen, wenn ihn etwas verwunderte. Offensichtlich benutzte er ihn als sinnentleerte Floskel – so, wie meine Saarbrücker Großmutter, wenn sie »baff« war, sich des Ausrufs bediente: »Da soll mich doch die Krott peeze!« (Irre ich mich, wenn ich vermute, daß das heißen soll: Da soll mich doch die Kröte zwicken?)

Jedenfalls versetzte damals der Satz des alten Lehrers mich, das Kind, in tiefes Grübeln: Gewiß, das Leben konnte zuweilen recht komisch sein. Aber in diesem Satz steckte ein geheimnisvoller Plural, der mir zu schaffen machte. Der komischsten was? Der komischsten Leben? Dann aber hätte der Satz lauten müssen: *Mein* Leben ist der komischsten eines! Jedoch der Lehrer blieb bei der Verallgemeinerung. Und so suche ich noch heute nach dem Oberbegriff, auf den sich das gesteigerte Adjektiv »komischsten« bezieht.

Wie dem auch sei: Das Leben hat wirklich komische Züge. Zumindest, wenn man es als lebender Mensch – also subjektiv – betrachtet. Zum Beispiel läuft es für uns erst langsam, dann immer schneller ab. Hast du das noch nicht bemerkt? Kannst du dich noch erinnern, welche Ewigkeit sich in deiner Kleinkinderzeit zwischen Geburtstag und Geburtstag, zwischen Weihnachten und Weihnachten dehnte? Was für ein Universum an Zeit ein einziger Tag war? Wie unendlich lange du fünf Jahre alt warst? Zehn Jahre später verging für dich ein Tag, ein Jahr schon schneller. Wenn du einmal so alt sein wirst wie ich jetzt, wirst du sagen: »Was? Am nächsten Montag ist mein Fünfundsechzigster? Ich bin doch gerade erst vierundsechzig geworden!« Ja, so ist es. Wenn man alt ist, fliegen die Tage dahin. Wenn ich noch zehn oder zwanzig Jahre älter werden sollte, werde ich mir dann vielleicht vorkommen, als falle ich kopfüber in die Zeit – immer schneller, immer schneller.

Allerdings kann man das Leben auch im Alter noch ein bißchen dehnen. Wie? Indem man es voller Erlebnisse packt. Zum Beispiel, indem man reist. Auf einer abwechslungsreichen Reise wird der Tag lang. Oder andersherum: Es paßt viel in ihn hinein. Auch das Menschen-Begegnen verlängert den Tag. Das Neue, das Unvorhergesehene macht's möglich. Das Ungewohnte, das den Verstand, das Gefühl, alle Sinne und natürlich die Phantasie beschäftigt! Im ewig gleichen Alltagstrott aber schnurrt die Zeit zusammen, lebt man schneller, wird man schneller alt.

Tatsächlich, das Leben verhält sich komisch, je nachdem, aus welcher Richtung man es betrachtet. Schaue ich aus meinem Alter zurück, wundere ich mich, wie kurz es bisher war. Bin ich nicht unlängst noch ein junges Mädchen gewesen? Kann es denn sein, daß ich so schnell eine alte Frau wurde?

Dagegen dies: Als Kind erschien mir die Lebenszeit endlos. Irgendwo, fern hinter dem Horizont, hörte sie irgendwann einmal auf – nach einer endlosen Reise in die Zukunft.

Damit hing es wohl auch zusammen, daß ich in meiner Teenagerzeit zu der Erkenntnis kam, das Leben sei nur bis vierzig lebenswert. Was danach kommen würde, konnte man getrost vergessen, nicht der Erwähnung wert. Ich streifte in Gedanken sogar die absolute Konsequenz: mit vierzig Schluß zu machen.

Die Wirklichkeit sah anders aus: Mein Leben wurde etwa ab dem vierzigsten Jahr erst richtig spannend: Da heiratete ich, da kamst du, da wurde ich politisch und ökologisch hellhörig, da schrieb ich die meisten meiner Bücher, da stellte sich schriftstellerischer Erfolg ein. Wer weiß, was ich in meiner zweiten Lebenshälfte noch alles erwarten darf! Es sei willkommen!

Die erste Hälfte dagegen – na ja. Ich will nicht behaupten, daß sie nicht der Erwähnung wert wäre und ich sie getrost vergessen könnte. Aber ich verlebte sie als ein Mensch, der nicht in sich selbst ruhte und sich immer wünschte, jemand anderer zu sein. Als ein Mensch, der sehr langsam heranreifte und lange nicht so recht wußte, in welche Richtung er sich bewegen sollte. Kurz vor dem vierzigsten Jahr beutelte mich die berüchtigte Midlifecrisis – und dann flutschte es auf einmal. Weiß der Himmel, was für ein Knoten da platzte!

Mein Leben ab vierzig: Nicht um alles auf der Welt würde ich es für eine andere zweite Lebenshälfte eintauschen wollen! Da müßte es im Rest meines Lebens schon schlimm zugehen, wenn ich dazu gebracht werden sollte, diese Meinung zu ändern!

So komisch kann das Leben sein, mein

Junge. So komisch kann man selber sein. Unterschätze nicht seine und deine Unberechenbarkeit.

GUCK DEN SÜDAMERIKANERN WAS AB!

Im Alter von siebenundzwanzig Jahren kam ich als typische Deutsche – wenn es so etwas überhaupt gibt – nach Südamerika. Zumindest war ich geprägt von den üblichen Denk- und Verhaltensmustern meiner Landsleute. In der Begegnung mit den Südamerikanern lernte ich, daß unsere Art, mit dem Leben klarzukommen, nicht die alleinseligmachende ist, und daß andere Völker im Lauf ihrer Geschichte, die von Klima, Nachbarvölkern und Natureinflüssen geprägt wurde, ganz andere Denk- und Verhaltensmuster entwickelt haben. Und ich mußte feststellen, daß wir Deutschen, aus dem Blickwinkel der Südamerikaner betrachtet, in mancher Hinsicht komisch, wenn nicht sogar unbegreiflich wirken.

Zum Beispiel wurde mir bewußt, daß die Südamerikaner ein ganz anderes Verhältnis zur Zeit haben. Während wir uns gern intensiv mit der Vergangenheit beschäftigen oder uns um die Zukunft Sorgen machen, konzentriert sich ihr Leben viel mehr auf die Gegenwart.

Gibt es nicht unzählige Deutsche, die sich aus Angst vor der Zukunft so gut wie nichts gönnen und alles Entbehrliche auf die hohe Kante legen, um für alle Notzeiten, für alle Eventualitäten gefeit zu sein? Wenn sie sterben, hinterlassen sie ihren Erben ein volles Sparbuch. Dieses Sich-Sorgen-machen-um-die-Zukunft hat sich wahrscheinlich im Lauf von Jahrtausenden bei uns Mittel- und Nordeuropäern besonders herausgebildet. Denn in unseren Breiten war es ein Überlebensproblem, über den nächsten Winter zu kommen, zumal früher unsere Winter kälter und schneereicher waren. Es existierte auch noch kein soziales Netz. Und alles hing von der Qualität der jeweiligen Ernte ab. Nach Mißernten folgten Hungerwinter. Da hieß es wirklich vorsorgen, auch was das Heizmaterial betraf. Den ganzen Sommer über mußte Holz, mußten Beeren und Nüsse gesammelt werden, mußten Äpfel und Pilze getrocknet, mußte Fleisch geräuchert werden, wenn man nicht im Winter erfrieren oder verhungern wollte!

Die meisten Südamerikaner dagegen – abgesehen von jenen im tiefen Süden oder in den Gebirgen – benötigten kein oder nur herzlich wenig Heizmaterial, und Früchte reiften während des ganzen Jahres. Wozu sich da Gedanken um die Zukunft machen? Und auch die heutigen Slumbewohner sehen wenig Sinn darin, um die Zukunft zu barmen. Denn sie haben keine. Da herrscht die Einstellung vor: Wer weiß, ob wir morgen noch leben. Also laßt uns aus dem Heute herausholen, was sich herausholen läßt!

Und so packen sie die Gegenwart beim Schopf und genießen sie. Da werden die Feste gefeiert, wie sie fallen, und wenn sich kein Anlaß zum Feiern bietet, wird einer gefunden. Nicht Sekt, Kaviar und teure Roben machen es. Ich habe auch unter Wenigbegüterten wunderbare Feste erlebt. Ein paar Flaschen Rotwein, ein paar gebratene Fische – das genügt schon. Aber viel Musik ist dabei, oft selbstgemachte, dazu Freude an der Bewegung, am Tanz, und herzerfrischende Heiterkeit. Eine Atmosphäre von Großzügigkeit und Gottvertrauen.

Vielleicht verjubeln manche dieser Leute ihr bißchen Geld, das eigentlich für morgen und übermorgen hätte reichen sollen. Aber sie erhalten ja auch etwas dafür: die Erinnerung. Im Gegensatz zu materiellen Gütern kann ihnen die niemand nehmen. Schöne Feste häufen ein Vermögen an herrlichen Erinnerungen an, fördern die zwischenmenschlichen Beziehungen und steigern die Lebensqualität.

Aber es sind nicht nur die Feste. Es ist die Gegenwartsbejahung insgesamt, die ein viel spontaneres Leben bewirkt. Davon hast du dir schon eine Menge abgeschaut. Mehr als ich. Du schaffst es zum Beispiel, mitten in der Vorbereitung eines Referats, das bis übermorgen früh fertig sein muß, den Stift fallenzulassen und zu sagen: »Es ist so schönes Wetter heute. Wer weiß, ob es morgen noch so ist. Komm, fahren wir in die Rhön!« Erst zögere ich, denn ich habe auch eine Terminarbeit zu erledigen. Aber dann gebe ich mir einen Ruck und denke: »Warum eigentlich nicht? Zum Teufel mit der Arbeit! In der Rhön muß es jetzt herrlich sein!« Und wir fahren los und genießen den Augenblick, und unsere Arbeiten werden hinterher doch noch irgendwie fertig. Trotzdem.

Erhalte dir diese Fähigkeit, die Gegenwart zu genießen. Bewahre dir die dazu nötige Spontaneität. Lockere deine Umgebung in dieser Weise auf, gib der deutschen Mentalität einen südamerikanischen Akzent. Es wird ihr ganz gewiß nicht schaden. Vor allem das Gottvertrauen wird ihr zugute kommen – dieses beschwingte Gefühl: Es wird schon alles irgendwie gutgehen...

DEINE PFLICHTEN ALS STAATSBÜRGER

Etwas sehr Wichtiges möchte ich dir ans Herz legen: Fühle dich, solange du deine fünf Sinne noch beisammen hast, mitverantwortlich für das, was die menschliche Gesellschaft in deiner Kommune, in deinem Land, rund um die Welt treibt. Das heißt, nimm deine Rechte und Pflichten als Basisbürger eines einigermaßen demokratischen Systems wahr!

Wenn du eines Tages nicht mehr in der Lage sein solltest, das Wahllokal zu Fuß zu erreichen, dann laß dich hinfahren. Und wenn dich ein Schlaganfall so zugerichtet haben sollte, daß du nicht mehr imstande bist, einen Stift festzuhalten, dann wähle trotzdem. Es gibt ja die Möglichkeit der Briefwahl. Deine Frau oder dein Kind oder ein anderer Mensch, der dein Vertrauen genießt, wird dir dabei helfen. Laß dich nicht dazu verleiten, Parteien, die dich zum Wahllokal schaffen lassen, allein um dieser Hilfeleistung willen zu wählen. Denn sie karren dich nicht aus reiner Nächstenliebe dorthin. Wähle *die* Partei – gleichgültig, ob sie dir behilflich ist oder nicht –, von deren politischen Impulsen du dir am meisten versprichst. Es könnte ja sein, daß wir Zeiten entgegengehen, in denen es hier in Deutschland eine Wiederholung der Vorgänge des Jahres 1933 zu verhindern gilt. Dabei könnte es auf *jede* Stimme ankommen.

Deine Stimme nimmt aber auch Partei für oder gegen Vorgänge, die sich außerhalb unseres Landes abspielen. Zum Beispiel, wenn es gilt, Kriege zu verhindern oder zu beenden. Mit deiner Stimme gibst du dem politischen Bemühen Rückhalt, Gewalt zu dämpfen und Menschen menschenwürdiger miteinander umgehen zu lassen, die Güter der Welt gerechter zu verteilen und die Hungernden in der Dritten Welt zu sättigen.

Gewiß, deine Stimme ist kaum zu hören im Riesenchor aller Stimmen. Aber ohne diese unzähligen einzelnen Stimmen gäbe es den Chor nicht. Und eine einzelne Stimme kann andere mitziehen.

Benutze deine Stimme nicht nur am Tag der Wahl. Äußere laut, was du mißbilligst, bis in dein hohes Alter hinein. Unterstütze tätig und mit Spenden, was du unterstützenswert findest. Nimm dir ein Beispiel an deiner Großmutter, die im Alter von über achtzig Jahren in die Partei eintrat, deren Programm ihren politischen Ansichten am ehesten entsprach.

Kümmere dich nicht nur um die Politik unserer Regierung. Hab auch ein Auge auf den politischen Mikrokosmos deiner Kommune. Äußere deine Meinung. Tadle nicht nur – lobe auch. Vor allem aber laß es nicht nur beim Reden. Auch ohne daß man Mitglied einer Partei wird, kann man sich als Basisbürger tätig ins Geschehen einmischen. Hilf mit, daß unbezahlte Arbeit, die der Allgemeinheit zugute kommt, wieder Anerkennung findet. Hilf mit, daß die Fragen »Was habe ich davon?« und »Was kriege ich dafür?« in Zukunft weniger laut hallen. Hilf mit, daß Idealismus künftig nicht mehr nach Dummheit riecht. Und trage dazu bei, daß nie wieder skrupellosen Politikern ermöglicht wird, in unserem Land die Macht zu ergreifen, uns die Demokratie zu nehmen und uns damit politisch zu entmündigen und der Menschenrechte zu berauben.

So, wie ich dich kenne, wirst du dich bis zum Ende deines Lebens vor allem mitverantwortlich dafür fühlen, was innerhalb und außerhalb unseres Landes mit unserer Umwelt geschieht. Vor allem, wenn du Kinder haben solltest, wird dir ihre Zukunft nicht gleichgültig sein. Die aber wird vor allem vom Zustand der Umwelt bestimmt werden – mehr noch, als dies mit *deiner* Zukunft geschehen wird.

Freilich, die Wälder sterben bereits, die Ozonlöcher werden sich in den nächsten Jahren noch ausdehnen, das Klima rund um unseren Planeten wird sich weiter aufheizen, die Bodenschätze werden schwinden, die Weltbevölkerung wird auch künftig dramatisch zunehmen. Unzählige Menschen werden täglich verhungern.

Da läßt sich nichts mehr verhüten, da läßt sich nur noch eindämmen. Wohl aber kannst du dich mit dafür einsetzen, daß neue, vielleicht noch schlimmere Schäden verhütet werden.

Resigniere nie, mein Sohn. Weder auf politischem noch auf anderem Gebiet. Anlaß zur Hoffnung gibt es immer. Die Menschheit ist zum Verzweifeln träge. Aber sie ist unberechenbar – vor allem, wenn sie in Existenznot gerät. Sie kann sich hierhin oder dahin bewegen. Diese Bewegungen können voller Überraschungen sein. Auch positiver! So, wie auch jeder Einzelne von uns zeit seines Lebens für Überraschungen in seiner

Entwicklung gut ist. Darin hat die Hoffnung ihre Chance.

Klammere dich nicht an Hoffnungsträger. Trage selber Hoffnung. Es gibt Ideen und Bewegungen, die Hoffnung transportieren. Es gibt Visionen, die Hoffnung vermitteln. Vor allem sind *Taten* Hoffnungsschaffer!

NICHT DER SPINAT, SONDERN DU!

Bereits in meiner Kindheit las ich leidenschaftlich gern. Ich war süchtig nach Lesbarem. Schon mit neun Jahren las ich mich quer durch den Bücherschrank meiner Eltern. Nur kurze Zeit später wurde ich treue Kundin der örtlichen Bücherei. Ich führte nicht Buch über meine Lektüre. Hätte ich das getan, hätte ich sicher ab und zu einen Titel unterstrichen, weil mich dieses Buch besonders berührt oder aufgewühlt hatte.

Noch später, als ich schon Geld verdiente und mir Bücher kaufen konnte, stieß ich alle die Literatur wieder ab, die mich nur mäßig beeindruckt hatte. Nur die Lieblingsbücher behielt ich. Sie begleiteten mich von Wohnort zu Wohnort, ja sogar nach Südamerika und von dort wieder zurück. Sie vergilbten, wurden stockfleckig, ihre Rücken lösten sich ab. Aber ich hielt ihnen die Treue.

Ich las sie nicht immer wieder. Dazu hatte ich gar keine Zeit, weil ich viel zu neugierig auf neue Bücher war. Ich hütete aber die Erinnerung an ihre Lektüre.

Im vergangenen Jahr brach ich mir die Kniescheibe. Da hatte ich auf einmal sehr viel Zeit. Die motivierte mich dazu, noch einmal in meine Lieblingsbücher hineinzuschauen. Zum Beispiel in Olaf Gullvaags »Es begann in einer Mittsommernacht« oder Willi Heinrichs »Das geduldige Fleisch« oder Graham Greenes »Kraft und Herrlichkeit«. Alle drei Werke hatten mich zu Tränen gerührt – als Fünfzehnjährige, als Fünfundzwanzigjährige, als Fünfunddreißigjährige.

Schon nach ein paar Seiten »Mittsommernacht« griff ich mir an den Kopf. Wie hatte ich so etwas nur je mögen können? Was um alles in der Welt hatte mir das Buch liebenswert gemacht? Wieviel Kitsch wuchert zwischen den Zeilen! Weg damit.

Heinrichs Roman stieß mich noch mehr ab. Der Stil entsprach ganz und gar nicht meinem Geschmack, die Dialoge könnten auf ein Viertel zusammengestrichen werden, der Inhalt transportiert Ansichten, die ich nicht zu teilen bereit war. Weg damit.

So ging es weiter. Kaum eines der Bücher, die ich vor meinem vierzigsten Lebensjahr geliebt hatte, fand Gnade. Weg damit.

Ich wurde nachdenklich. Die Bücher hatten sich seit damals garantiert nicht geändert. *Ich* hatte mich geändert – und wie! Könnte das bedeuten, daß ich eines Tages, falls ich lange genug lebe, auch die Bücher aussortiere, die ich *jetzt* liebe? Wie anders müßte ich werden, um mich dazu zu entschließen? Wenn ich mir vorstellen möchte, wie ich dann vielleicht bin und denke, versagt meine Phantasie.

Ich weiß, wie ich war. Ich weiß, wie ich bin. Ich weiß auch, daß ich mit der jungen Frau, die ich mit dreißig war, jetzt herzlich wenig anfangen könnte, würde ich ihr begegnen. Was für ein unsicheres, nicht in sich selbst ruhendes, naives und verträumtes Ding war ich doch!

Das alles weiß ich. Aber ich weiß nicht, wie ich sein *werde.*

Auch du bist unterwegs, mein Sohn. Der du jetzt bist, wirst du in zehn, in zwanzig Jahren nicht mehr sein. Für dich geht der Wandel langsam, sehr langsam vonstatten. Du kannst ihn nur von den Dingen am Wegrand ablesen, die sich nicht verändern. Wie zum Beispiel von Büchern, Musik, Fotos. Von dem, was erstarrt, historisch wird: Politik, Zeitgeschehen, Familientraditionen.

Was dir vor ein paar Jahren noch selbstverständlich schien, fällt dir plötzlich auf. An manchem, was dir nicht gefiel, bekommst du auf einmal Gefallen. Als Kind konntest du Spinat nicht ausstehen. Jetzt ißt du ihn gern. Du tust gut daran, immer wieder deine Einstellung zu dem, was deinen Wegrand säumt, zu prüfen, um zu merken, wie sehr du dich wandelst.

Vielleicht kannst du daraus auch ablesen, ob eine Kurskorrektur deines Weges nötig ist. Solltest du so eine Notwendigkeit erkennen, dann handle schnell. Den Entschluß „Ich muß mich ändern" vor sich herzuschieben, bringt nichts. Du kennst ja das Sprichwort, das ich oft verwende: »Besser ein Ende mit Schrecken als ein Schrecken ohne Ende«. Sich Gewohnheiten abzugewöhnen, wie schwer ist das! Wie gern esse ich Süßes und sollte das doch nicht tun. Es fällt mir leichter, von einem Tag auf den anderen damit aufzuhören, als diszipliniert von Woche zu Woche den Konsum allmählich zu senken.

Ich weiß nicht, wie weit du dich verändern wirst und in welche Richtung. Aber jede Wandlung, wohin und wie weit auch immer, birgt immer noch mehr Chancen als ein Erstarren.

MEIN BRUDER LEIB, VERZEIH!

Einer meiner Fehler war, daß ich meinen Leib nicht als Partner, sondern als Knecht, ja als Leibeigenen betrachtet habe. Und so habe ich ihn auch behandelt. Seine Dienste empfand ich als selbstverständlich. Ich gab ihm zu wenig Schlaf, mutete ihm zu viel Sitzerei hinter dem Schreibtisch zu, verstimmte ihn oft durch falsche Ernährung, bewegte ihn zeitweilig nicht genug und quälte ihn vor allem in meinen jüngeren Jahren mit viel zu schwerer Arbeit. War er müde, putschte ich ihn mit Kaffee auf, überging seine Wünsche, auch wenn ich sie genau registrierte, und dachte nicht daran, ihn zu verwöhnen.

Er hatte zu funktionieren. Und das tat er auch – bis er, ein paar Monate vor meinem vierundsechzigsten Geburtstag, energisch rebellierte: Er ließ es zu, daß ich mir bei einem ganz harmlosen Sturz die Kniescheibe brach. Dieser Unfall hatte zur Folge, daß ich erst einmal ein paar Wochen lang in die Klinik mußte, wo mein Körper sich ausruhen konnte.

Ich lernte nichts daraus. Mit fast wütendem Eifer übte und übte ich nach der Operation, um wieder fit zu werden. Ich verlangte meinem Körper im Training Schmerzen und harte Strapazen ab und nahm ihm übel, daß er mich vorübergehend in die Lage gebracht hatte, am Stock gehen zu müssen. Ich – am Stock! Eine Zumutung.

Mein Bruder Leib trotzte. Der Fuß des gesunden Beines fühlte sich überbelastet und wehrte sich durch starke Schmerzen. Ich lernte noch immer nichts daraus. Verbissen übte ich weiter.

Da wehrte sich mein Körper massiver: mit Krebs. Zum Glück wurde er noch im Anfangsstadium entdeckt.

Jetzt ging es ums Ganze. Ein paar Tage lang ergriff mich Panik. Nach einer Operation kam mir die Einsicht, daß ich mein Leben lang etwas falsch gemacht hatte. Ich lernte, was ich längst schon hätte lernen müssen: gut zu sein zu meinem Partner; mich für sein Befinden zu interessieren; ihm einen Gefallen zu tun; ihn nicht zu überfordern; ihm Pausen, Erholung, Entspannung zu gönnen.

Ob ich ihn noch einmal versöhnen kann? Er sitzt am längeren Hebel. Ich bin im Gespräch mit ihm kleinlaut geworden, suche ihm kleine Gefälligkeiten zu erweisen, biedere mich ihm oft an.

»Weißt du noch, mein Guter«, sage ich manchmal zu ihm, »wie du mich im Frühsommer neunzehnhundertfünfundvierzig auf dem langen Hungerfußmarsch durch Schlesien, die Lausitz und Mecklenburg treu getragen hast? Hab Dank dafür, daß du mich nicht im Stich gelassen hast. Erinnerst du dich noch an die schwere Feldarbeit im Sommer fünfundvierzig, als ich oft fürchtete, mir bricht das Kreuz? Du hast durchgehalten. Auch alle die Kinderkrankheiten, ja sogar den Typhus, den ich mir in Peru holte, hast du durchgestanden. Toll hast du das gemacht! Und als ich im Jahr zweiundsechzig aus purem Übermut in den Gran Cañon hinuntertrabte und dir das Letzte abverlangte, um wieder heraufzukommen – weißt du das noch? Großartig warst du damals, Kumpel.

Danke, Bruder Leib. Was du für mich tatest, war nicht selbstverständlich.«

Jetzt spreche ich *dich* an, mein Junge: Mit deinen dreiundzwanzig Jahren tendierst du auch dazu, deine Gesundheit als selbstverständlich zu betrachten. Versuche doch bitte, dir darüber klar zu werden, daß Gesundheit ein Schatz ist, den es zu hüten gilt.

Mute deinem Partner Leib nicht zu viel zu. Gewiß, du tust gut daran, ihn zu trainieren, ihm Leistungen abzuverlangen, ihn zu fordern. Aber fordere ihn wie deinesgleichen heraus, nicht wie deinen Knecht. Sorge dafür, daß er alles bekommt, was er braucht. Und sei dankbar dafür, daß es dir möglich ist, ihm alles Nötige zu geben. Wärst du ein Bettler in Calcutta, müßtest du ihn darben lassen.

Mach dir dankbar bewußt, daß du alle Glieder besitzt, die zu einem menschlichen Körper gehören, und daß sie deinen Befehlen gehorchen; daß du nicht blind und nicht taub bist; daß du mit genügend grauen Zellen ausgerüstet bist, um das Leben aus eigener Kraft bewältigen zu können; daß du schmecken, tasten, fühlen und riechen kannst; daß du fähig bist, Leben zu zeugen.

Vielleicht wird uns unser Körper im Alter nicht mehr in allen seinen Funktionen zu Diensten stehen. Dann sollten wir nicht dem nachtrauern, was wir nicht mehr haben oder können, sondern sollten froh sein über das, was er, der treue, noch immer zu schaffen imstande ist. Auch einen Querschnittgelähmten läßt sein Körper nicht vollkommen im Stich. Er muß nur lernen, alle Fähigkeiten, die ihm noch geblieben sind, voll auszuschöpfen. Staunen wir nicht immer wieder über die sportlichen Hochleistungen vieler körperbehinderter Menschen? Sie wissen, was sie an ihrem Leib haben. Sie ganz gewiß.

Lieber Leib – was wären wir ohne dich?

NUR ORDNUNG, FLEISS UND DISZIPLIN?

Es gibt in Südamerika eine Anzahl deutscher Schulen – und zwar nicht nur dort, wo sich große Kolonien von Nachkommen ehemaliger deutscher Einwanderer befinden. Manche dieser Schulen werden von nur sehr wenigen deutschen Kindern besucht. Die Mehrzahl der Schüler entstammen einheimischen, also zum Beispiel kolumbianischen, argentinischen, chilenischen, brasilianischen oder venezolanischen Familien.

Als ich Lehrerin an einer deutschen Schule in Südamerika war, fragte ich manchmal einheimische Schülereltern, warum sie ihre Kinder ausgerechnet der deutschen Schule anvertrauten. Denn es gab für sie, die ja zur begüterten Klasse gehörten, ein breites Angebot an höheren Schulen. Neben staatlichen und privaten Schulen des betreffenden Landes waren da auch französische, englische und amerikanische Lehranstalten in privater oder kirchlicher Regie.

Fast immer bekam ich zur Antwort: »In einer deutschen Schule lernen unsere Kinder

Ordnung, Pünktlichkeit, Disziplin, Fleiß, Pflichterfüllung. Alle diese Tugenden, durch die ihr Deutschen es so weit gebracht habt. Tugenden, die hier in Südamerika vernachlässigt werden. Unsere Kinder sollen es einmal weit bringen. Deshalb.«

Es gibt südamerikanische Staaten, deren Armee von deutschen Ausbildern geprägt worden ist. Ich habe Paraden erlebt, bei denen der deutsche Stechschritt vorgeführt wurde und die Kapelle deutsche Märsche schmetterte. Da wurden Erinnerungen an fatale Zeiten wach, in denen uns Deutschen derlei Tugenden zum Verhängnis geworden waren.

Ordnung, Fleiß, Disziplin, Pünktlichkeit – um nur einige zu nennen – sind Sekundärtugenden, mein Sohn. Sie sind ethisch neutral und können von guten wie von bösen Mächten ausgeübt werden. (Wahrscheinlich war Hitler ordnungsliebend, pünktlich und fleißig.) Diese Sekundärtugenden haben uns Deutsche vielleicht weit gebracht, was Macht und Besitz betrifft. Aber beliebt haben sie uns ganz bestimmt nicht gemacht.

Wieviel liebenswerter sind zum Beispiel die Italiener oder die Südamerikaner, denen es auf eine Viertel- oder halbe Stunde früher oder später nicht ankommt; die unglaublich großzügig sein können, wenn es um Gastfreundschaft geht; die sich mit Lust und gutem Gewissen auch mal einen halben Nachmittag lang in die Hängematte legen und das Leben genießen; die die Ordnung nicht so ernst nehmen; denen die zwischenmenschlichen Beziehungen wichtiger sind als Disziplin.

Auch du bist Deutscher. In unserem deutschen Alltagsleben spielen unsere Nationaltugenden noch immer eine ziemlich wichtige, wenn auch nicht mehr so überbetonte Rolle wie in den wilhelminischen oder den Hitler-Zeiten. Ganz ohne sie geht's ja auch nicht. Wer möchte schon im Chaos versinken? Wer möchte, wenn man sich um halb acht treffen wollte, bis um viertel vor neun die Beine in den Leib stehen? Wer möchte es mit einem Betrieb zu tun haben, in dem jeder kommt und geht, wann er will und macht, was er will?

Aber der Stellenwert muß stimmen, den man den Sekundärtugenden beimißt. Hilf mit, daß den Angehörigen anderer Nationen, wenn sie das Wort »deutsch« hören, nicht nur Begriffe wie »Ordnung«, »Fleiß«, »Sparsamkeit«, »Sauberkeit« und dergleichen einfallen, sondern Begriffe wie »Lebensfreude«, »Freundlichkeit«, »Toleranz«, »Friedlichkeit«, »Zuverlässigkeit« und »Humor«.

Ja, uns Deutschen wird Humorlosigkeit nachgesagt. Auch dieses Defizit gilt es zu beseitigen. Ein heiteres Volk, ein Volk mit Sinn für Humor wird geschätzt. Denn es wird nicht kriegerisch sein. Krieg und Humor sind zwei unvereinbare Begriffe.

Wenn du schon in nationale Schubladen eingeordnet werden mußt, dann versuche ein solcher Deutscher zu sein, daß die Nichtdeutschen denken: Ach wären doch alle Deutschen so wie *der!*

Und hilf mit, daß der Begriff »Deutscher« weniger Wichtigkeit enthält als der Begriff »Mensch«.

EIN BISSCHEN ANGST WEGJONGLIEREN

Junge Leute können es kaum erwarten, unabhängig zu werden. Alte Leute müssen sie in den meisten Fällen wieder abgeben, die Unabhängigkeit. Unter ihrer Flagge kann so gut wie niemand bis zu seiner Sterbestunde segeln.

Der Führerschein: für die Jungen das Symbol der Unabhängigkeit. Den Alten fällt es schwer, ihn abzugeben – freiwillig. Sie geraten ja ohne Wagen in Abhängigkeit vom guten Willen ihrer Familienmitglieder. Andere Abhängigkeiten im Alter lassen sich weit schlimmer ertragen: die von der Gesundheit, die von der Pflege, die von der eigenen schwankenden Laune, um nur einige zu nennen.

Eine erste kleine Lektion auf diesem Gebiet mußte ich während meines Krankenhausaufenthaltes lernen. Wenn man gezwungen ist, sich waschen zu lassen, muß man schon eine Portion Stolz aufgeben. Und wer hätte keine körperlichen und seelischen Schwierigkeiten beim Sichgewöhnen an die Benutzung des unvermeidlichen Schiebers, dieses Gefäßes, das die Abhängigkeit so deutlich vorführt?

Du hast miterlebt, mein Junge, wie deine Großmutter von einem Tag zum anderen vollkommen abhängig wurde von unserer Hilfe – und wie schwer ihr dieser Lernprozeß fiel. Bis zu ihrem Ende haderte sie mit ihrem Schicksal, das ihr während der letzten sechs Lebensjahre den Zustand aufgebürdet hatte, abhängig zu sein vom Wohlwollen und der Hilfsbereitschaft anderer. Ihr ganzes Leben lang war sie immer die Führende, die starke Persönlichkeit, die geborene Organisatorin gewesen, die gewohnt war, nicht nur über ihr eigenes Handeln zu entscheiden, sondern auch über das Wohl und Wehe der ihr Anvertrauten oder Untergebenen. Jetzt mußte sie sich plötzlich dem Willen anderer unterordnen, mindestens aber Kompromisse schließen.

In dieses Schicksal hat sie sich nie ergeben. Den Helfern, die ihre Wünsche erfüllten, begegnete sie mit großer Sympathie. Aber wehe, wenn jemand von ihr etwas zu tun erwartete, was ihrem Willen nicht entsprach! So sträubte sie sich oft, die nötigen Medikamente zu schlucken oder weigerte sich zu essen, wenn ihr der Tischplatz oder das Menü oder der Tischnachbar nicht behagte. Da konnte sie schmollen und trotzig sein wie ein Kind!

Altenpflegerinnen können viel darüber erzählen, wie schwer es manche alten Leute ankommt, ihre Unabhängigkeit aufzugeben. Welche Tragödien spielen sich da oft ab! Der ehemalige hohe Offizier muß sich füttern lassen, die Oberstudienrätin a. D. hat zu ertragen, daß sie gewindelt wird. Gutgemeinte, aber unsensible und grobgehobelte Formulierungen wie »Na Opa, wie geht's uns denn heute?« tun dem Stolz so weh!

Auch auf mich, auch auf dich wartet vielleicht so ein Lebensausklang. Ich versuche mich darauf vorzubereiten. Ich bemühe mich auch, mich in die Menschen hineinzuversetzen, die mich dann in meiner Hilflosigkeit umsorgen werden. Auch sie haben es nicht leicht. Wieviel mehr Freude macht es, Kinder zu betreuen, denn sie zeigen Fortschritte, haben Erfolgserlebnisse, wachsen ins Leben hinein – im Gegensatz zu den Alten, die immer schwächer werden, immer weniger können, aus dem Leben hinausgleiten. Ich habe mir fest vorgenommen, meinen zukünftigen Helfern, was mich betrifft, ihre schwere Arbeit zu erleichtern. Ich will ihnen nicht den Zorn über meinen Zustand aufbürden, denn sie sind ja nicht schuld an ihm. Was ich noch selber tun kann, will ich selbstverständlich tun. Für alles andere will ich ihre Hilfe geduldig annehmen und dankbar dafür sein. Denn es gibt genug alte Leute auf der Welt, denen niemand Hilfe zuteil werden läßt.

Schöne Vorsätze. Ob ich sie im Alltagsleben eines Altenheimes auch verwirklichen kann? Wenn eine Pflegerin mich tadelt, weil mir das Glas aus der zitternden Hand gefallen ist? Wenn ich den Klingelknopf drücke, und es dauert zehn Minuten, bis jemand kommt? Vielleicht gibt es unter den vielen grantigen und ewig mißtrauischen Alten jedes Altersheimes auch solche, die sich ein paar Jahre vorher genau so wie ich fest vorgenommen hatten, ihren Zustand des Ausgeliefertseins an fremde Hilfe mit Geduld und Würde zu ertragen?

Wie dem auch sei, mein Junge – bereite dich rechtzeitig auf diese mögliche Lebenslage vor. Kommt es anders, um so besser. Vielleicht fällst du ja noch im Vollbesitz deiner Kräfte eines schönen Tages tot um. So ein Ende wünsche ich dir wie auch mir.

Ist vielleicht mit einem langsamen und qualvollen Verlöschen, das mit immer größerer Abhängigkeit gekoppelt ist, eine Absicht verbunden? Vielleicht soll der Mensch auch noch in diesem Zustand lernen und reifen?

Abhängigkeit ist sicher leichter ertragbar, wenn die Pflegenden den Abhängigen ihre Würde lassen. Und wenn die Abhängigen ihren Zustand mit Würde ertragen.

Tapferkeit gehört dazu. Und die Fähigkeit, Distanz zu dem Zustand zu entwikkeln, in den man durch Alter und Krankheit gezwungen wurde.

In einem südamerikanischen Wanderzirkus sah ich mal einem alten Jongleur zu. Er jonglierte mit seinen Zahnprothesen. Mit einem eleganten Griff entnahm er sie seinem Mund, führte seine Nummer vor und setzte sie danach mit einem ebenso selbstverständlich wirkenden Griff wieder hin, wo sie hingehörten. Danach schnallte er sich sein Holzbein ab und balancierte auf dessen Zehenspitze ein Tablett mit gefüllten Sektgläsern. Zum Schluß zog er sich die Perücke von der Glatze und ließ sich, die Arena umrundend, von den Zuschauern Münzen hineinwerfen.

Dieser Mann hat, wie es scheint, seinem

Schicksal eine lange Nase gezeigt. Er hat sich ein Maximum an Unabhängigkeit erhalten. Und ich glaube, er hat vielen Zuschauern ein bißchen Angst vor dem Alter wegjongliert.

ICH SPRECHE VOM TOD

In unserer Gesellschaft spricht man nicht gern über den Tod. Man tabuisiert ihn. Man umschreibt ihn mit Begriffen wie »Ableben«, »Hinscheiden«, »Heimgang«. Man schiebt Sterbende ab in die Krankenhäuser. Dort, in der sterilen Welt der Intensivstationen, wird die Seele des Sterbenden sich selbst überlassen. Ihm zu erlauben, in vertrauter Atmosphäre, im Kreis der Familie Abschied zu nehmen, ist unmodern geworden, nicht mehr zeitgemäß, altmodisch. Die Gefühle würden strapaziert, die Bequemlichkeit litte, eine Menge zusätzlicher Arbeit entstünde, so sagt man.

Gott sei Dank beherrscht diese Einstellung nicht alle unsere Zeitgenossen. Genau so, wie neuerdings viele Frauen ihre Kinder wieder daheim zur Welt bringen, zeichnet sich der Trend ab, alte Menschen daheim sterben zu lassen, sofern die Möglichkeiten es erlauben. Es gibt nicht mehr viele Großfamilien, in denen jederzeit jemand da ist, der dem Sterbenden zur Hand gehen kann. Das Sterben zieht sich ja manchmal über Wochen hin.

Über solche Probleme spricht man nicht gern. Nur nicht an den Tod rühren! Das erzeugt Ängste.

Aber würde man – sofern man das könnte – den Tod abschaffen, würde damit auch das Leben aufhören. Tod und Leben bedingen einander, sie gehören zusammen wie Licht und Dunkelheit. Nur vor dem Hintergrund des Todes beginnt das Leben zu leuchten.

Viele Menschen empfinden den Tod als das große Ungewisse, in das man am Ende des Lebens hineingleitet. Aber so ungewiß und unbekannt sollte er uns doch gar nicht sein. Kehren wir, wenn wir sterben, nicht dorthin zurück, wo wir uns befanden, bevor wir ins Leben traten?

Ich glaube daran, daß ich dort und dann das Gefühl absoluter Geborgenheit genießen werde. Denn dort kann mich nichts mehr erschüttern, nichts mehr treffen, nichts mehr verletzen. Dort herrscht unbedingte Sicherheit. Das heißt, dort gibt es keine Angst und keine Trauer.

Ich stelle mir vor – vielleicht ist das ja nichts als lächerliche menschliche Phantasie, aber Phantasie ist nun mal das einzige Mittel, mit dem wir die Region des Todes ein wenig austasten können – ich stelle mir also vor, daß man im Augenblick des Todes auch von der irdischen Schwerkraft befreit ist. Die Last des Körpers loswerden: Was für eine unerhörte Freiheit bedeutet das! Schweben. Vielleicht sogar ein Glücksgefühl empfinden. Heimgekehrt sein in den Ursprung, in die Mitte. Die Erinnerung an diesen Zustand schlummert vielleicht in den Tiefen unseres Unterbewußtseins. Vielleicht sehnen wir Menschen uns deshalb so sehr nach Geborgenheit?

Nein, mein Junge, vor dem Tod fürchte ich mich nicht. Wohl aber vor dem Abschied. Wie viele Abschiede kommen auf den zu, der stirbt! Abschied zum Beispiel von den Bäumen, an denen man täglich vorüberkam oder die man durch das Fenster beobachtete. Abschied von Blumen, Gärten, Feldern, Landschaften, von Farben und Klängen, von Gerüchen und Geschmäcken, von Gefühlen und Gedanken. Abschied von Tieren, die einem zugetan waren und deren Treue rührte. Abschied von geliebten Menschen.

Ein persisches Sprichwort sagt: »In Gesellschaft guter Freunde ist der Tod ein Fest.« Gewiß, es ist sicher leichter, im Beisein guter Freunde zu sterben, als einsam auf den Tod zu warten. Aber der Abschied, der Abschied! Von einem »Drüben-sich-Wiedersehen« halte ich nicht viel. Meine Großmutter dagegen, die aus einer kirchentreuen Bauernfamilie stammte, war fest davon überzeugt. Sie stellte sich den Himmel wie eine Art riesiger Bühne vor, auf der sich rund um Gottes Thron die Engel und Heiligen scharten. Aber da war auch genügend Raum für die »normalen« Verstorbenen, die das Glück hatten, in den Himmel aufgenommen zu werden. Hier trafen die Eltern auch nach und nach ihre Kinder, fanden sich die Ehegatten wieder. Happy End! Mit so einem Glauben ließ sich auch der Abschied bewältigen. Mit den Worten »Aufwiedersehen im Himmel!« verabschiedeten sich damals viele Sterbende von ihren Lieben, wenn ihnen dazu Zeit blieb.

Mir ist ein solch kindlicher Glauben nicht mehr gegönnt. Und dir schon gar nicht. Aber ich glaube auch an eine Ordnung – und daran, daß diese Ordnung, deren Dimensionen viel zu groß sind, als daß wir Menschen sie begreifen könnten, einen Mittelpunkt besitzt. Ich glaube, daß alle Lebewesen im Sterben zurückkehren in den Mittelpunkt des Seins, den ich Gott nenne.

Vielleicht sollte sich der alte Mensch schon langsam lösen von denen, die er liebt, *bevor* die Abschiedsstunde gekommen ist. Vielleicht sollte er sich um Distanz vom Emotionalen bemühen, sollte enge Bindungen lokkern, sollte einen Abschied auf Raten anstreben, damit es, wenn's ernst wird, nicht so weh tut.

Aber ich weiß nicht, mein Sohn, ob ich das schaffe. Ich weiß nicht einmal, ob es mir gelingen wird, zum Abschied locker-gelassen zu dir zu sagen: »Mach's gut, mein Junge.« Vielleicht bin ich nicht mehr fähig, irgend etwas zu sagen. Aber du wirst erraten, daß ich umarmt sein möchte. Oder wenigstens deine Hand halten will. So, wie ich die Hand meiner Mutter hielt, während sie starb.

Wir wissen nichts darüber, wie wir einmal sterben werden. Das ist gut so. Es gibt so entsetzliche Tode: solche wie in Bosnien oder Somalia, wie in Auschwitz oder Mölln, wie in Hiroshima oder Tschernobyl. Es gibt den Aids-Tod und das endlos lange Sterben der Multiple-Sklerose-Patienten. Angesichts dieser Tode überkommt mich hilfloses Schweigen.

Möge uns ein gnädiger Tod bestimmt sein.

Und möge uns vor allem dies mit Dankbarkeit erfüllen: wir, du und ich, haben vielen Menschen dieses überfüllten Planeten voraus, daß wir erwünscht geboren wurden. Wir wurden, so lange wir lebten, geliebt.

DER WALDSÄER

Solange du irgend kannst, hilf anderen. An Gelegenheit dazu wird es dir nicht mangeln.

Als deine Großmutter – du weißt, daß sie Kriegswitwe war – alle ihre sechs Kinder durch die Berufsausbildung geschleust hatte und nicht mehr verpflichtet war, sie finanziell zu unterstützen, gab sie ihren Privatkindergarten in der Großstadt auf und zog in ein Zweihundertsiebzig-Seelen-Kaff, wo sie von ihrem dreiundsechzigsten bis zu ihrem zweiundachtzigsten Lebensjahr den Dorfkindern Nachhilfestunden gab, ihnen das Flötenspiel beibrachte, ein Orffsches Kinderorchester gründete, jede Weihnacht mit den Kindern ein Krippenspiel aufführte, Seniorenveranstaltungen organisierte, die Anlage eines Spielplatzes durchsetzte, den Dorfleuten half, Briefe an Behörden aufzusetzen oder Anträge auszufüllen und, wenn es sich so ergab, Briefe aus England oder Frankreich zu übersetzen. Natürlich alles gratis. Sie empfand diese Jahre als eine glückliche Zeit. Die Dorfbewohner liebten sie.

Im vergangenen Sommer waren du und

ich in Ostfriesland. Kannst du dich noch an das Dorf mit dem schiefen Kirchturm erinnern. Schiefer als der Turm zu Pisa! Wir wollten zuerst nicht glauben, was wir sahen. Wir stiegen aus, besichtigten das Bauwerk und erfuhren, daß diese Kirche, da einsturzgefährdet, jahrzehntelang nicht mehr benutzt worden war. Aber dann hatten sich vor ein paar Jahren elf rüstige Rentner zusammengetan, Handwerker die meisten von ihnen, und hatten sich über die Fast-Ruine hergemacht. Kirche samt Turm hatten sie mit Hilfe von Spenden und Subventionen solide renoviert, das Bauamt hatte das Werk abgesegnet, und jetzt ist das Gotteshaus gerade wegen der Schräge seines Turmes *die* Attraktion des Ortes. Viele Brautpaare kommen von weit her, um sich in ihm trauen zu lassen.

Auch die elf Rentner ließen sich, wie wir erfuhren, für diese Arbeit nicht entlohnen. Der Erfolg und die Anerkennung, die sie genossen, war ihnen Lohn genug.

Vor ein paar Jahren gab es für Rentner und Pensionäre die Möglichkeit – vielleicht gibt es sie noch immer –, ihr Wissen und ihre Berufserfahrung in Projekten der Dritten Welt hilfsbedürftigen Menschen zugute kommen zu lassen. Ich erinnere mich an eine

Fernsehsendung, die sich mit dieser Initiative beschäftigte. Die Vermittlungsstelle solcher Aufgabenbereiche wurde gezeigt. Dann sah man alte Ingenieure, Wissenschaftler, Handwerker und Facharbeiter an ihrem Arbeitsplatz irgendwo in Afrika, Südamerika oder Asien. Wie es schien, hatten sie reizvolle Aufgaben zu bewältigen, die eine Herausforderung ihres organisatorischen Könnens, ihres Fingerspitzengefühls im Umgang mit den Einheimischen, ihres Improvisationstalentes und vor allem ihres beruflichen Wissens darstellten. Es ging, unter anderem, um Brunnenbau, Bau und Inbetriebnahme einer Molkerei, die Einrichtung einer Bauern-Kooperative, die Schulung von Lehrlingen verschiedener Handwerkszweige und den Aufbau eines Gesundheitszentrums.

Die Senioren gaben Auskunft über ihr Alltagsleben, ihre Unterkunft, ihre Zusammenarbeit mit den Einheimischen. Ihre Bezahlung war alles andere als »attraktiv«, aber die meisten von ihnen hatten sich zu diesem Schritt bestimmt nicht aus finanziellen Gründen entschlossen. Ausnahmslos alle hatten viel Freude an ihrer Aufgabe und bereuten nicht, sich auf dieses Angebot eingelassen zu haben. Diese Leute, zwischen sechzig und knapp siebzig Jahren – natürlich war das eine Auslese rüstiger, gesunder Menschen – fühlten sich dort, wo sie arbeiteten, gebraucht, hatten Erfolgserlebnisse, waren froh darüber, daß ihre Berufserfahrungen noch von Nutzen waren. Ihre Verträge liefen im allgemeinen über zwei bis drei Jahre. Nicht wenige von ihnen verlängerten.

Man sah sie in Shorts und Sandalen in tropischem oder subtropischem Klima schwitzen, sah ihnen zu, wie sie Helfer anleiteten, Pläne prüften, Maschinen aufstellten, selber mit Hand anlegten. Man erfuhr, daß die Ehefrauen mancher dieser Pioniere mitgekommen waren und aus dem manchmal anstrengenden Aufenthalt im exotischen Ambiente für sich und ihren Partner das Beste machten. Ihre Unterkünfte – kleine Bungalows oder auch nur barackenartige Bauten – waren nicht luxuriös eingerichtet, aber es ließ sich darin leben. Nach Ablauf des Vertrags kehrten die Leute heim mit dem Gefühl: Das war keine vergeudete Zeit. Sie hat mir *und* anderen eine Menge gebracht.

In dem Zusammenhang fällt mir auch der alte Richter ein, der sich, längst pensioniert, nach der Wende entschloß, mit seiner Berufserfahrung den Ostdeutschen vorübergehend zu helfen. In einer Art Schrebergartenhäuschen quartierte er sich ein – etwas Besseres fand er nicht – und diente wieder der Gerechtigkeit. Du kannst dir denken, daß mich dieser Mann tief beeindruckt hat.

Helfen muß kein Synonym für Entbehren sein. Helfen kann Spaß machen, Zufriedenheit schaffen und vor allem dem Leben wieder Sinn geben.

Es gibt so tausendfältige Möglichkeiten, wie du – allein oder zu mehreren – anderen helfen kannst. Denke zum Beispiel an den alten französischen Hirten in Jean Gionos Text »Der Mann mit den Bäumen«. Dieser Mann säte in den westlichen Ausläufern der französischen Alpen Tag für Tag je hundert Eicheln. Wenn er Glück hatte, keimten zwanzig von hundert. Im Lauf der Jahre bewirkte er, daß sich kahle Hänge begrünten, daß waldlose Gegenden sich in Waldlandschaften verwandelten, ja daß sich verlassene Dörfer dieser Region wieder bevölkerten, Tiere zurückkehrten, die sich dort lange nicht mehr hatten sehen lassen, die Saat auf den Feldern besser gedieh, weil die jungen Wälder das Wasser festhielten, das vorher über die baumlosen Hänge zu Tal geschossen war.

Auch in unserem Land gibt es schon viele

kahle Berglandschaften. Wenn du alt sein wirst, wird es noch viel mehr davon geben. Sie alle brauchen dringend bäumepflanzende Menschen. Nicht nur Waldarbeiter im Dienst der Forstwirtschaft, sondern Leute, die freiwillig und uneigennützig an der Natur wiedergutmachen wollen, was andere Leute ihr angetan haben.

Sogar wenn du im Rollstuhl zu sitzen gezwungen sein solltest, kannst du trotzdem noch anderen nützen. Ich hörte von einer alten Dame, die im Rollstuhl unermüdlich Schlafdecken für ein Kinderasyl in Südamerika strickt. Du kannst doch auch stricken? Aber es müssen nicht gleich so große Werke sein. Im Lauf eines Tages bieten sich so viele Gelegenheiten für kleine Hilfeleistungen an: Der Nachbar weiß nicht, wie er das Antragsformular ausfüllen soll. Die alte Frau müht sich mit der vollen Einkaufstasche ab. Der Ausländer vor dem Fahrkartenschalter ist ratlos. Der junge Mann neben der Parkuhr möchte gern seine Mark in Groschen gewechselt haben. Handle nach dem Motto: so wie ich von euch geholfen haben möchte, so helfe ich auch euch.

Was und wie du auch hilfst: Du kräftigst damit die zwischenmenschlichen Beziehungen. Vielleicht werden sie, wenn dein Leben sich dem Ende zuneigt, das soziale Netz unserer Marktwirtschaft ersetzen müssen. Ich will das, was dann entstehen könnte, Mitmenschlichkeit nennen. Vielleicht ist sie imstande, in den bescheideneren Zeiten, die auf uns zukommen, eine Wärme zu erzeugen, die wir heute in all unserem Überfluß und Komfort so vermissen?

NICHT UNBEDINGT EIN SALTO AUF DEM HOCHTRAPEZ

Seit dem Tod deiner Großmutter steht ihr Klavier in unserem Wohnzimmer. Manchmal ertappst du mich jetzt dabei, wie ich unbeholfen versuche, mein dürftiges Können aus meiner Teenagerzeit wieder aufzufrischen. Weiter als bis zu Clementi-Sonatinen habe ich's nie gebracht. Aber schon diese bescheidenen Anforderungen machen mir jetzt, nach fünfzig Jahren Klavierabstinenz, sehr zu schaffen. Der Fingersatz ist mir nicht mehr geläufig. Es bereitet mir sogar Schwierigkeiten, manche Noten abzulesen!

Du hast es auf diesem Gebiet weitergebracht als ich. Deshalb lasse ich mich auch nur dann vor dem Klavier nieder, wenn du nicht da bist. Denn das, was das Klavier unter meinen Händen von sich gibt, ist kein Ohrenschmaus, und ich will es weder dir noch jemand anderem zumuten. Trittst du unerwartet ins Zimmer, senke ich verschämt den Klavierdeckel und fliehe vom Tatort.

Bin ich aber allein, dann hinke und stolpere ich wonnevoll über die Tasten und freue mich über jeden Akkord, der mir fehlerfrei gelungen ist. Vielleicht schaffe ich es, dir eines Tages – vielleicht in einem halben Jahr, vielleicht auch erst in einem – Händels Sarabande oder die verflixte Clementi-Sonatine einigermaßen passabel zu präsentieren. Als Geschenk, das dir ebenso wie mir selbst gilt.

Vielleicht bekommst du, wenn du so alt sein wirst wie ich, auch solche Anwandlungen. Ich wünsche sie dir. Denn Lernen verjüngt. Es hält nicht nur den Verstand geschmeidig, sondern stärkt das Selbstvertrauen, übt das Erinnerungsvermögen, fordert den Mut heraus, bringt Erfolgserlebnisse ein, kurz: hält fit.

Aber setze deine Ziele nicht zu hoch an. Es muß nicht gleich eine Promotion summa cum laude oder ein Salto Mortale auf dem Hochtrapez sein. Dein Urgroßvater, ein pensionierter Oberlehrer, bewährte sich als Siebzigjähriger an einer handwerklichen Tat: Er beglückte mich, die Enkelin, mit einem stattlichen, selbstgemachten Schaukelpferd.

Eigentlich sollte man nicht erst im Alter mit solchen Lernprozessen beginnen. Wenn man sich sein Leben lang ab und zu Neues beibringt und Fertigkeiten aneignet, tut man sich in seinen letzten Lebensjahren nicht so schwer damit.

Fühle dich nicht verpflichtet, eines Tages mir zuliebe deine alten Finger auf dem Klavier zu plagen. Vielleicht reizen dich dann ganz andere Kenntnisse. Zum Beispiel, dich über eine fremde Sprache herzumachen. Oder Gedichte auswendig zu lernen. Oder dich in der Lehmbauweise zu betätigen. Oder zu malen, zu tanzen, zu segeln. Warum nicht auch dies: einen Wald zu pflanzen?

Ein Lernziel habe ich mir fest vorgenommen: Vor dem Ende meines Lebens will ich unbedingt noch den Umgang mit einem Computer in den Griff kriegen. Ich habe mir nämlich mein Leben lang eingebildet, ich sei technisch »unterbelichtet«. Vielleicht ist das ein Irrtum? Mit einem Computer umgehen zu können, war für mich bisher der Beweis höchsten technischen Könnens. Inzwischen kommen mir Zweifel, denn alle Welt um mich herum ist vertraut mit Computern. Sogar Kinder!

Wenn ich das noch schaffen könnte – mir einen Computer dienstbar zu machen! Nicht auszudenken! Dann könnte ich zu

Recht behaupten, ich sei fähig, über meinen eigenen Schatten zu springen.

Du lachst. Aber wenn du mal so alt sein wirst wie ich jetzt, wirst du dich neuen, anderen Herausforderungen deines Könnens gegenübersehen. Nimm sie an, mein Junge! Wirf dich nicht selbst zum alten Eisen. Du kannst mehr, als du glaubst.

WIE ICH MEINE BATTERIE AUFLADE

Immer, wenn ich vergeblich nach einer Lösung suche, oder wenn ich vor der Schreibmaschine sitze und das Gefühl habe, »es« fließt nicht mehr, oder wenn ich aus was für einem Grund auch immer erregt bin, gehe ich hinaus ins Grüne. Hinterm Haus steige ich die Stufen empor. Schon unter der großen Trauerweide fühle ich mich besser. Ich öffne das Törchen, verlasse den Garten, vertraue mich dem Weg an, der am Steilhang entlangführt, vorbei an den uralten Gärten, die wir beide so lieben. Vor allem die verwilderten, die sich in Gestrüpp zurückverwandelt haben, mögen wir. Da wuchert's, da entfaltet sich's, da schäumt's von tausend verschiedenen Grüns: Bäume, Gesträuch, Wiesen, Blumenstauden, die durch die Zäune und Hecken gewurzelt und gesamt haben.

Ist es die frische Luft, die Herz und Gehirn neue Impulse gibt? Ich schaue ins Tal hinunter, auf die Dächer im Heidgraben. Ich schaue hinüber auf den Hügelkamm jenseits des Tales. Dort liegt der Friedhof. Ich sehe blaue Kuppen in der Ferne: Ausläufer des

Vogelsberges. Ist es der weite Raum, der mir Abstand von meinen Problemen verschafft? Ist es die Farbe Grün, die so ausgleichend, so beruhigend wirkt? Oder hilft mir die Erkenntnis, daß so vieles Lebendige um mich herum wächst, gedeiht, sich entwickelt – und ich nur ein Wesen unter unzähligen bin und mich deshalb nicht so wichtig nehmen sollte?

Nur eine halbe Stunde Spaziergang durch die Natur, und ich kehre wie neugeboren heim, setze mich an die Maschine, und »es« fließt nur so. Ich bin wieder zuversichtlich und sehe alles gelassener.

Hinter diese Wirkung scheinst du schon gekommen zu sein. Warum wärst du sonst, als du dich dem plötzlichen Tod deiner Großmutter gegenübersahst, in den Wald gestürmt?

Ich sitze auch gern am fließenden Wasser – um so öfter, je älter ich werde. Schon als Kind hatte ich Lieblingsplätze an Bächen und Gräben. Ich *sehe* dem Wasser ebenso gern zu, wie ich ihm zu*höre*. All diese monotonen Geräusche – das Rauschen und Glukkern, das Gurgeln und Plätschern – machen mich ruhig. Und ich bestaune die Schönheit der Stromlinien, der sich kräuselnden Wellen, der unter der Wasseroberfläche sich wiegenden Algen, der in allen Farben funkelnden Schaumbläschen.

Wenn ich irgendwo warten muß, warte ich am liebsten neben Aquarien. Im Foyer eines Hotels zum Beispiel, in einem Restaurant oder im Wartezimmer eines Arztes. Dann schaue ich den Fischen zu, wie sie so wunderbar gelassen ihre Kreise ziehen, als stünde ihnen die Ewigkeit zur Verfügung. Alle meine Hast, meine Unruhe, meine Ungeduld ziehen sie von mir ab, fast ohne daß ich's merke.

Bist du auch schon mal auf ein Aquarium zugehastet, um dich von den Fischen beruhigen zu lassen? Wenn nicht – probiere es! So, wie ich dich einschätze, wird dieses Rezept auch bei dir wirken.

Manchmal habe ich keine Zeit für den Spaziergang ins Grüne oder ans Wasser. Sehr oft sogar. Dann gehe ich auf den Balkon und schaue hinauf in die Wolken. Riesige Gebilde sind das – und trotzdem: so leicht! Wie sie sich verformen, verfärben, ballen oder auflösen! Vor allem aber: wie sie ziehen! Alles ist in Bewegung, alles fließt. Und ich stehe so klein hier unten, nicht der Rede wert.

Noch mehr Abstand verschafft ein Blick in die Sterne und ihre grenzenlosen Räume. Er relativiert. Dann kehre ich, das Staubkorn, vom Balkon wieder ins Innere meines Hauses zurück und nehme mich nicht mehr so ernst. Und habe plötzlich Zeit.

Man kann gar nicht oft genug in die Sterne sehen, Junge.

Aber ich halte mich nicht nur an die Natur, das Wasser und den Himmel, wenn ich's nötig habe, meine Batterie neu zu laden. Bei dieser Tätigkeit ist mir ab und zu auch die deutsche Bundesbahn behilflich.

Du weißt ja, ich reise viel, von Lesung zu Lesung, im Zug. Da schaue ich aus dem Fenster, bar aller Verpflichtungen, lasse die Landschaften an mir vorüberziehen und genieße sie. Meine Gedanken werden leicht und lassen sich von den dahinfliegenden Bildern inspirieren.

Oft muß ich in Bahnhofshallen sitzen und lange warten: Gelegenheit, mich mit mir auseinanderzusetzen, Rechenschaft abzulegen, in mir aufzuräumen, Gerümpel über Bord zu werfen, Korrekturen vorzunehmen. Zu erledigen, was wieder mal fällig ist: Mir für dies und das eine »Watsche« zu geben. Danach fühle ich mich wie neugeboren. Derlei schiebt man gern vor sich her. Öde Bahnhofshallen erwiesen sich in meinem Leben für solche Zwecke recht nützlich. Danach fuhr ich und fahre ich weiter, bewege mich fort, komme voran.

Ja natürlich, für mich ist das Bahnreisen billig. Ich fahre ja schon auf Seniorenpaß. Einer der vielen Vorteile des Alters. Trotzdem: Leiste dir auch ab und zu eine Bahnfahrt – zugunsten der Umwelt und deiner selbst. Denn im Auto kannst du nicht abschalten, mußt du dich auf das konzentrieren, was um deinen Wagen herum vorgeht, sofern du nicht lebensmüde bist. Im Auto gerätst du in keine Bahnhofswartehalle. Im Auto kommst du entnervt an deinem Ziel an – reif für einen Spaziergang durch Grünes, für eine Weile am Ufer oder neben einem Aquarium, für einen langen Blick in Wolken oder Sterne, für eine träge Stunde in einer Wartehalle...

VOM JUNGBRUNNEN NAMENS ABENTEUER

Stürze dich ab und zu kopfüber in irgend ein Wagnis, auch wenn du schon alt bist. Zum Beispiel in eine Wanderung oder eine Reise. Ich meine kein gemütliches Spazieren auf markierten Wanderwegen, sondern ein Sichdurchschlagen querfeldein. Ich meine auch keine von einem Reisebüro bis in alle Einzelheiten ausgearbeitete Reise, auf der das größtmögliche Risiko eine Küchenschabe im Hotelzimmer oder ein geldgieriger Taxifahrer wäre, der von dir unberechtigterweise fünfzig Prozent mehr verlangt, als der Fahrpreis ausmachen dürfte.

Ich meine eine Reise, auf der man am Montag noch nicht weiß, wo man am Donnerstag übernachten wird und wie. Eine Reise, die sich nicht nur von Viersternehotel zu Viersternehotel bewegt, sondern auch Privatunterkünfte bei spontanen Gastgebern, Nächte in ländlichen Gasthöfen, die – zum Beispiel in manchen Gegenden Südamerikas – nicht garantiert wanzenfrei sind, ja sogar Übernachtungen im Freien mit einkalkuliert. Eine Reise, die einem die Freiheit läßt, nach

Lust und Laune zu sagen: »Hier gefällt mir's, hier bleibe ich ein paar Tage.« Eine Reise, fernab von den breiten, bequemen Wegen der Touristen, auf der man Menschen begegnet, die vom Tourismus noch nicht korrumpiert sind. Eine Reise, auf der man auch mal Seetang-Gemüse oder absolut Undefinierbares vorgesetzt bekommt. Eine Reise, die aus einer Kette von Risiken besteht. Zum Beispiel eine Reise in den hohen Norden Kanadas oder in die Inselwelt Südchiles oder, finanziell weniger aufwendig und vor allem weniger umweltbelastend, in die ukrainischen Karpaten.

Aber ein Wagnis kann auch ganz anders aussehen. Zum Beispiel könnte es die Teilnahme an einer Demonstration sein. (Allerdings wäre das nicht die erste Demo, bei der du mitmachst!) Oder ein Akt der Zivilcourage, wenn dein Gewissen dich dazu auffordert. Zivilcourage kann man bis ins hohe Alter praktizieren. Im Zusammenhang mit der immer wieder aufflackernden Ausländerfeindlichkeit gibt es viele Gelegenheiten für Zivilcourage. Aber auch aus vielen anderen Anlässen ist diese Primärtugend dringend gefragt. Gerade heute. Und in der Zukunft sicher noch viel mehr.

Auch ganz klitzekleine Wagnisse kannst du in dein Leben streuen, kannst es damit würzen. Versuche, über einen Graben zu springen oder auf einen Baum zu klettern oder einen Fluß zu durchschwimmen. Falls du auf Krücken angewiesen bist, riskiere ein paar Schritte ohne sie. Bist du blind, dann wage auch mal, die Hand loszulassen, die dich führt. Und hörst du nur noch schwer, dann trau dich an ein Hörgerät, statt dich mit falschen Antworten und peinlichen Mißverständnissen durch die Jahre zu lavieren. Lade stockfremde Menschen ein oder triff Freunde aus deiner Jugendzeit wieder, die du seit damals nicht mehr gesehen hast. Damit riskierst du einen Schock. Hangle dich nicht an Romanen, Musikstücken oder Filmen entlang, die deine Gefühle nicht strapazieren, sondern riskiere es, dich auf Trauer, Schuld und Zorn einzulassen. Wage es ruhig auch mal, die Fassung zu verlieren. Weine aus voller Brust, wenn dir danach zumute ist, oder balle die Faust.

Vergiß aber nicht, sie bald wieder zu öffnen.

EIN FEUERWERK VON ERNSTEN UND UNERNSTEN RATSCHLÄGEN

Ach Junge, ich möchte dir ja noch so vieles sagen. Es gibt weite Bereiche des Lebens, die ich mit meinen Ratschlägen noch gar nicht berührt habe. Zum Beispiel möchte ich dir noch diesen Rat ans Herz legen: Wenn du eines Tages vorhast, dich mit einer Frau auf Dauer zusammenzutun, dann prüfe, ob du dir vorstellen kannst, daß sie auch dann bei dir bleibt, wenn du im Rollstuhl landen solltest. Kannst du das nicht, dann sei vorsichtig. Das Sich-aufeinander-verlassen-Können ist vielleicht die allerwichtigste Voraussetzung für eine dauerhafte Verbindung zwischen Mann und Frau.

Jetzt kommen mir doch dauernd diese albernen Sprüche in den Sinn. Weißt du noch? Wir hatten viel Spaß daran, zweizeilige, gereimte Gesundheitsregeln und Ratschläge fürs Leben auszudenken. Auf langen Autofahrten, auf Spaziergängen, in der letzten halben Stunde des Abends vertrieben wir uns so die Zeit. Je absurder die Zweizeiler waren, um so besser. Mal war das Resultat heftigen Nachdenkens mäßig, mal gelangen uns Volltreffer.

Prinzessinnen, die Amphibien küssen,
mit Überraschungen rechnen müssen...

oder sowas:

Steigt der Benzinpreis im August,
sticht's im September in der Brust...

Purer Nonsens. Wäre ich Wilhelm Busch, Eugen Roth oder Erich Kästner, könnte ich die Gedanken, die ich dir mitgeben möchte, in solche trocken-lapidaren Zweizeiler pakken. Aber da ich – nur selten lyrisch tätig – diesen Herren Kollegen nicht das Wasser reichen kann, muß ich mich prosaisch ausdrükken.

Also, Junge, mach dich rechtzeitig damit vertraut, daß du eines Tages zu der Kategorie der Senioren gehören wirst. Steh zu deinem Alter, verdränge und verheimliche es nicht. Nimm deine Falten und Runzeln an, du hast sie ja mit Mühe verdient. Im übrigen gibt es Gesichter, die erst im Alter schön werden. Mit fällt dazu das Gesicht von Willy Brandt ein. Oder das der Anna Wimschneider, der Verfasserin des Lebensberichts »Herbstmilch«. Oder das der alten Tschechin Kristina Kafková auf der Rosinkawiese. Erinnerst du dich noch an sie?

Schon wieder drängt sich mir so ein Spruch auf:

Wenn Elefanten dich umschwirren,
dann schau nicht hin: Du mußt dich irren...

Na, ich weiß nicht. Auf den gesunden Menschenverstand ist auch nicht immer Verlaß. Nun aber Spaß beiseite. Wenn dich Krankheiten und Schmerzen plagen: Bedenke, daß du damit die herrlichen jungen und gesunden Jahre bezahlst. Die gibt's nicht geschenkt. Dieses Darlehen muß man zum Ende seines Lebens abstottern.

Laß dich nicht in die Jauche locken,
sonst stinken nachher deine Socken...

Na gut. Schreib dir das auch hinter die Ohren. Aber was ich sagen wollte: Wenn du an deinen Sorgen und Wehwehchen ersticken zu müssen glaubst, dann mach dir bewußt, daß du ein Universum im Universum bist. Ein Mikrokosmos. Du verstehst nicht, was ich meine? Versetz dich in eine Zelle deines Körpers. Könnte sie denken und fühlen wie du, empfände sie deinen Körper als ihr Weltall. Sich das vorzustellen, verändert die Maßstäbe, macht die Sorgen zu Lappalien, schafft Abstand.

Wer sich verliebt in einen Schlumpfen,
muß damit rechnen, selbst zu schrumpfen...

Nein, ich möchte jetzt nicht abgelenkt werden. Ich bin gerade so schön in Fahrt. Söhne dich mit deinem Ich aus. Da gibt es sicher noch offene Rechnungen zu begleichen. Mach reinen Tisch zwischen dir und anderen. Hol unter dem Teppich hervor, was du im Lauf deines Lebens daruntergekehrt hast. Da ist nichts? Schau genau nach. Vielleicht stößt du auf Reue, dies und das getan oder unterlassen zu haben. Auf Scham. Auf nicht eingelöste Versprechen. Vielleicht sogar auf die Erkenntnis, dein Leben falsch gelebt zu haben. Dies alles ans Licht zu holen, tut weh. Aber damit schaffst du die reine Atmosphäre, die nach einem Gewitter so ungemein wohltut.

Sogar ein Kaiser druckst und spuckt,
wenn er beleibte Kröten schluckt...

Schon wieder ist mir so eine Albernheit aufgestoßen! Ach Junge, es gibt noch so viel zu sagen: Verschaffe dir rechtzeitig Freunde! Warte nicht damit, bis du deine Unabhängigkeit aufgeben mußt. Freunde bilden das Netz, das dich seelisch im Alter trägt. Womit ich auch Freunde innerhalb deiner Familie meine. Hast du Freunde im Alter, wirst du weniger in Gefahr geraten, in ein Schwarzes Loch zu stürzen.

Steig nie auf eines Daches First!
(Damit du keine Leiche wirst.)

Schon wieder, schon wieder – wie Computerviren! Nur noch das, mein Junge: Verlier dich nicht in Selbstmitleid. Mach dir, je älter du wirst, immer wieder bewußt, was du noch alles hast und kannst. Gewöhne dir nicht an, immer nur auf dich selbst zu starren. Das fördert das Altern. Betrachte andere. Vielleicht wirst du bei dieser Beschäftigung – ganz nebenbei und unbeabsichtigt – ab und zu dir selbst begegnen.

Hast du mal vor, dich zu erschießen,
denk dran: Erst noch die Blumen gießen!

Ach ja – das noch, mein Junge. Und das! Und das! Nein, jetzt langt's. Du schaffst es schon.

ES LEBE DAS LEBEN!

Vieles, was ich hier für dich niederschrieb, müßte ich dir jetzt nicht ans Herz legen. Denn für den, der du jetzt bist, hieße das, Eulen nach Athen tragen: Du möchtest ja in keine andere Zeit geboren worden sein, leidest noch nicht an Einsamkeit und Reue, hast ja keine Angst vor dem Tod, lebst mehr in der Gegenwart als in der Zukunft oder Vergangenheit, hilfst ja gern und hast auch einen Blick dafür, wo zu helfen ist. Du kennst noch kein Selbstmitleid und bist dir deiner Mitverantwortung für das, was um dich herum und auch in der Welt vor sich geht, voll bewußt.

Aber wirst du in vierzig oder fünfzig Jahren auch noch so sein? Du gehst harten Zeiten entgegen. Sie werden dich in die Mangel nehmen, werden dich prägen. Du weißt, wie sehr sich deine Großmutter in ihrem Leben geändert hat. Und wie noch viel mehr ich mich geändert habe. Ich kann nicht voraussehen, in welche Richtung hin du dich verändern wirst. Vielleicht wird dir dieses oder jenes Verhalten, das dir jetzt selbstverständlich ist, unterwegs abhanden kommen, so daß dir mancher Rat, der dir jetzt gegenstandslos erscheint, in deinen späteren Jahren doch nützlich sein könnte. Wird er es nicht sein, dann vergiß ihn.

Ich habe dich auf das Leben vorbereitet und hinerzogen, nicht auf den Tod. Behalte den Kopf oben, Junge, wie's auch kommt. Laß dich nie untergehen in Apathie und Hoffnungslosigkeit. Laß dich nie anziehen von dem Gedanken, Schluß zu machen. Ich sagte es schon oft und sage es wieder: Ich kann mir keine Lage vorstellen, in der das Leben nicht mehr lebenswert wäre.

In meinem Heimatdorf in Ostböhmen lebte 1944/45 ein alter Lehrer, ein Flüchtling aus Ostpreußen, mit seiner Frau. Er war schon einige Zeit Pensionär gewesen, aber während des Krieges war er wieder in den Schuldienst zurückgeholt worden. Er unterrichtete zusammen mit einem zweiten Lehrer die Kinder unseres Dorfes. Am Tag des Waffenstillstands rückten die Russen bei uns ein. Schreckliche Mordgeschichten eilten ihnen voraus. Kurz bevor sie kamen, ging der alte Ostpreuße zusammen mit seiner Frau hinaus in die Felder – es war ein leuchtender Maitag – und erschoß zuerst sie, dann sich selbst.

Die beiden waren nicht die einzigen Menschen im Dorf, die damals starben. Aber weitaus die meisten überlebten diese schreckliche Zeit. Sie machten Schlimmes durch, wie wir auch, wurden aus dem Dorf, aus dem Land vertrieben, quälten sich über die Landstraßen davon. Aber sie überlebten. Die beiden alten Leute hätten gute Chancen gehabt, auch zu überleben. Und sie hätten dem Leben sicher noch viel Erlebenswertes abgewinnen können. Ihre Angst war stärker.

Auch ich habe mich im Lauf meines Lebens immer mal wieder gegen Depressionen wehren müssen und hatte manchmal mächtig zu tun, um mich aus diesem Sumpf herauszustrampeln. Aber einen Selbstmord habe ich nie ernstlich erwogen.

Ich wünsche dir, daß auch du nie in eine solche Lage gerätst, in der es dir scheint, als ob der Tod dem Leben vorzuziehen sei. Wenn du aber doch in eine dir aussichtslos erscheinende Situation hineindriften solltest, dann laß dich nicht zu Kurzschlußreaktionen hinreißen. Mach dir klar, daß so ein Schritt aus dem Leben heraus unwiderruflich wäre. Denn aus dem Tod kannst du nicht mehr zurück ins Leben.

Nein, mein Junge, gib nicht auf. Kämpfe um jede Stunde, jede Sekunde des Lebens, deines eigenen wie auch das der Menschheit insgesamt. Denn nur einmal ist dem Menschen die Chance gegeben, in der Einheit von Körper und Geist bewußt in dieser Welt zu existieren, fähig zu empfinden und zu denken, zu leiden, zu trauern und glücklich zu sein, zu hassen und zu lieben.

Es wird dir nie so schlecht gehen, daß es dir nicht noch schlechter gehen könnte. Auch auf Krücken kann man sich an einem Herbsttag freuen. Auch vom Krankenbett aus lassen sich bereichernde menschliche Begegnungen erleben. Auch wenn man blind ist, kann man Musik genießen. Lebensqualität hat wenig mit Besitz und Komfort zu tun, und Leid macht zwar die Schatten dunkler, aber auch das Licht heller. Abschiede verleihen dem, wovon man sich trennen muß, unerhörte Leuchtkraft. Und Schmerzen sind Humus für Reife und Weisheit.

Ja, verbeiß dich ins Leben, mach das beste aus ihm! Verschenke nichts davon. Sei deinem Schöpfer, wie immer du ihn dir denkst, für deine Existenz dankbar. Geniere dich nicht, aus dieser Dankbarkeit heraus zu schreien, wenn dir danach ist, oder lauthals zu singen. Oder dich ins Gras zu werfen, sofern es nicht wieder verseucht ist wie damals nach der Katastrophe von Tschernobyl. Oder dir die Lungen vollzupumpen mit frischer Luft und ein Rad zu schlagen. Oder einfach nur aus voller Brust zu lachen. Du hast allen Grund zur Dankbarkeit.

Und noch etwas: Stolpere nicht ziellos durchs Leben. Schlage eine Richtung ein. Steuere Unmögliches an, um Mögliches zu erreichen. Bewege dich auf eine Vision zu, die dem Leben dient. Dem *Überleben.* Eine Vision vom Dasein des wahrhaft humanen Menschen im Einklang mit der Natur. Richte deinen Blick auf sie, nicht auf dich selbst, und gehe deinen Weg so, daß andere, die dir begegnen, überrascht sagen: »Das, was dieser da ansteuert, scheint ein Ziel zu sein, das Hoffnung verheißt. Warte, du, wir gehen mit!«

Ja, mein Junge, trage dazu bei, daß eine große Bewegung entsteht, die neue Werte anstrebt. Eine Bewegung, der das »Wir« wichtiger ist als das »Ich«. Die die Gewalt abbaut und Vertrauen aufbaut und damit eine Lebensqualität schafft, die sich nicht lediglich auf materielle Belange bezieht, sondern die Menschlichkeit in den Mittelpunkt stellt.

Verteidige das Leben im Kleinen wie im Großen, dein eigenes wie das deiner Gattung. Hab Ehrfurcht vor allem Lebendigen, auch wenn es nur ein Schmetterling, ein Gebüsch oder ein Vogel ist. Tu, was immer du kannst, um die Umwelt, die ja unser Lebensraum ist, zu schützen und zu bewahren. Hilf mit, noch unzähligen Generationen von Menschen zu ermöglichen, das Licht dieser Welt zu erblicken, einzutreten in das bunte, wilde, unberechenbare, bittere und doch wonnevolle Leben!

Deine Mutter

DIE AUTORIN

Geboren am 3. März 1928 in Wichstadtl (Ostböhmen). Nach dem Studium Lehrerin an deutschen Schulen in Chile, Venezuela und Kolumbien.
1970 Geburt ihres Sohnes.
Bis 1989 Grundschullehrerin in Hessen.
Zahlreiche Veröffentlichungen, darunter »Friedensgeschichten«, »Die letzten Kinder von Schewenborn«, »Die Wolke«, »Wiedersehen mit Anna«.

WEITERE TITEL AUS DER EDITION JOHANNES KUHN

Johannes Kuhn
ZEIT BRINGT ROSEN

Uta Schlegel-Holzmann
KEIN ABEND MEHR ZU ZWEIT
Familienstand: Witwe

Hans Jürgen Schultz
NEULAND ENTDECKEN
Erfahrungen aus dem Un-Ruhestand

Hans-Joachim Thilo
ZWISCHEN ZÄRTLICHKEIT UND ZORN